湾区有段古多媒体系列丛书

# 千年商埠有段古

李沛聪 主编

SPM 南方传媒 广东人民出版社
·广州·

图书在版编目（CIP）数据

千年商埠有段古 / 李沛聪主编. -- 广州：广东人
民出版社，2024.12. -- ISBN 978-7-218-18292-6

Ⅰ. F729

中国国家版本馆 CIP 数据核字第 2024EG1521 号

QIAN NIAN SHANG BU YOU DUAN GU

# 千年商埠有段古

李沛聪　主编

出 版 人：肖风华

责任编辑：黄洁华　郑方式

装帧设计：友间文化

责任技编：吴彦斌　赖远军

出版发行：广东人民出版社

地　　址：广东省广州市越秀区大沙头四马路10号（邮政编码：510199）

电　　话：（020）85716809（总编室）

传　　真：（020）83289585

网　　址：http://www.gdpph.com

印　　刷：广州市豪威彩色印务有限公司

开　　本：889 mm×1 194 mm　1/32

印　　张：6.75　插　页：1　字　数：150千

版　　次：2024年12月第1版

印　　次：2024年12月第1次印刷

定　　价：45.00元

如发现印装质量问题，影响阅读，请与出版社（020-85716849）联系调换。

售书热线：（020）87716172

# 编委会

# ◇ 前 言 ◇

粤港澳大湾区，是一个经济概念。在2019年，国务院发布《粤港澳大湾区发展规划纲要》，为把粤港澳大湾区打造成世界级城市群、国际科技创新中心指明了方向。

而在"粤港澳大湾区"这个经济概念正式提出之前，"省港澳"其实早已作为一个文化概念，存在了很长时间。

所谓"省港澳"，指的当然是广东省、香港地区和澳门地区。自从明朝葡萄牙人聚居澳门、清朝英国殖民统治香港，广东、香港、澳门就一直作为中国南部对外交流的窗口而存在。

其间，虽然各地的经济文化发展情况各有不同，但其交流之密切，互相影响之深远，让省港澳地区越来越成为一个独特的整体。

虽然省港澳三地有许多不同的特点，在不同的历史时期也有着不同的管治方式，但三地有着更多的共通之处，尤其在文化上，同处中国岭南之地，同处沿海地区，文化上自然有着许多共同点。

例如，广东大部分地区与香港、澳门一样，日常都以粤语（广府话、白话、广东话）作为交流的语言；以广州、佛山为代表的广式饮食文化，与香港、澳门的饮食文化更是同宗同源，有着许多相似的美食；粤剧、南狮、龙船等，都是三地共同的非物质文化遗产；省港澳三地从生活习惯到文化观念，都有着沿海地区务实、包容、开放、奋进的特点……

从清朝开始，省港澳地区就成为了推动中国发展的前沿阵地，从全国唯一的通商口岸到改革开放的试点，从小渔村到世界瞩目的东方之珠，这个地区一直为中国发展注入新的活力。到了现在，在"粤港澳大湾区"的概念之下，这个地区将会焕发出更新、更强大的动力，继续为中国的发展贡献自己的力量。

这个满载了历史又充满着希望的大湾区，值得让更多人对它有更多的了解和认识。正是出于这样的想法，在多个团队的共同努力下，我们出版了这一套《湾区有段古》系列丛书，从衣食住行的方方面面，为大家讲述粤港澳大湾区，或者说"省港澳"的故事，希望每一位读者可以对大湾区有更进一步的了解认识。

　　为了不让大家觉得沉闷，我们搜集了许许多多历史上的、传说中的、现实里的故事，希望大家通过这些有趣的故事来了解大湾区。这些故事有不少都来自民间的口口相传，不一定有标准的版本，但无论哪一个版本，寄托的都是湾区人民对美好生活的向往和善良、包容、奋进的价值观。

　　希望每一位读者都可以通过这些故事，加深对粤港澳大湾区的了解，同时感受它更多的魅力吧！

　　最后，要感谢每一位参与本书编撰、绘画的小伙伴，是你们的努力付出，让这套丛书的出版成为可能。

李沛聪

2024年夏

# 目 录

# 十三行

## ——一口通商下的商业奇迹

在清朝康熙年间，中国的对外贸易主要集中在广州、泉州、舟山等几个贸易口岸，于是催生了中国历史上最早的官方外贸专业团体——广州十三行。当时广州是国内最重要的贸易口岸之一，而朝廷则规定所有的贸易必须通过特许经营的洋货行进行。当时，第一批召集的商家有十三家，因此称为"十三行"，但实际上经营贸易的商行远不止十三家。

到了乾隆年间，因为朝廷撤销其他海关，只留广东的粤海关一口通商，十三行就成了全国唯一的合法外贸专营机构，大量的进出口贸易均经过十三行进行，让这个特殊的商业机构成了财富的聚集地。从1757年一口通商政策颁布，到

普通话音频

粤语音频

鸦片战争后开放五口通商为止，十三行独揽中国对外贸易长达85年之久。

当时在十三行诞生了潘、伍、卢、叶四大行商，个个都富可敌国，以至于当时就流传有"洋船争出是官商，十字门开向二洋。五丝八丝广缎好，银钱堆满十三行"的说法。

不过，对十三行来说，可谓"成也洋人，败也洋人"。在第一次鸦片战争之后，清朝被迫开放五口通商，十三行不再具备垄断地位，生意大受影响。而到了第二次鸦片战争时期，十三行被英军占领，当时广州的民众对外国侵略者十分痛恨，自发组织起来在晚上潜入十三行商馆，放起一把大火，将十三行商馆烧成灰烬，英军也被迫退回停泊在珠江的军舰之上。自此之后，十三行就成了历史名词，它的辉煌也成为回忆。

# 伍秉鉴

## ——"世界首富"的传奇

　　清朝乾隆二十二年（1757年）至道光二十二年（1842年），因为实行一口通商，中国的对外贸易都集中在广州十三行。十三行的行商垄断了进出口贸易，也造就了一批巨富，伍秉鉴正是其中的代表人物，他开办的"怡和行"主要从事丝织品、茶叶、瓷器贸易，据统计其资产一度高达2600万银元，甚至被誉为"世界首富"。

　　伍秉鉴的财富虽然得益于一口通商制度，但其本人的经商头脑与理念，也确实有过人之处。

　　据说有一次，一位美国波士顿的商人与伍秉鉴合作经营一项生意，但由于经营不善，他欠了伍秉鉴7.2万银元的债

普通话音频

粤语音频

务。因为一直无力归还，这位美国商人也因此无法返国。伍秉鉴得知此情形，竟让人将借据取来，当着对方面撕成粉碎，然后对这名美国商人说："你是我的'老友'，是一个最诚实的人，只不过不走运而已。"伍秉鉴还向对方表示，他们之间的债务就此结清，对方随时可以返国。

　　这件事在当时的外国商人中流传甚广，也让伍秉鉴豪爽的名声在美国商界脍炙人口。当然了，伍秉鉴这样做也不仅仅是因为慷慨，通过这件事，他在外商中的声誉和信用大幅提高，也让他日后的生意更加顺风顺水。

　　2001年，美国《华尔街日报》曾评选历史上最富有的人，其中有6位华人入选，伍秉鉴正是其中之一。

# 继昌隆缫丝厂
## ——中国民营第一家

陈启沅，广东省南海县（今广东省佛山市南海区）西樵简村人，是中国第一家民族资本经营的机器缫丝厂——继昌隆缫丝厂的创办人，也是中国近代民族工业的创始人之一。

陈启沅自幼聪明好学，家中对他寄望颇高，希望他考取科举功名，陈启沅在十四五岁时，曾两次赴童子试，可惜都没有考上。不久，因为父亲去世，他打消了走仕途之路的念头，跟随哥哥陈启枢去安南（今越南）经商。

他们兄弟二人，先是在安南堤岸海傍街设立怡昌荫号，经营杂货纱绸，由于兄弟俩经商有道，买卖有方，怡昌荫号

普通话音频

粤语音频

的生意颇为兴隆，陆续开设分店，十几年间陈氏兄弟成了南洋华侨中著名的富商。

在此期间，陈启沅为拓展商务，在南洋各地往来。农桑出身的他特别关注市面上的洋丝与华丝，他发现法国人所办的缫丝厂机器先进，生产的洋丝大行其道，物美价廉，而自己家乡用手工做出来的华丝粗细不匀，销量每况愈下。于是，在随后的六七年间，他反复考察、学习、研究西方蒸汽机之学、缫丝之器及缫丝之法，到1872年，陈启沅回国开办了中国第一家机器缫丝厂——继昌隆缫丝厂。由陈启沅亲自引进并改良的蒸汽机所缫出的生丝，粗细均匀、光滑洁净、色泽美艳，而且丝性弹力增强。由于生丝质量提高，产品销路更加通畅，从而价格大为提高，比过去土丝的价格高出三分之一。

而继昌隆缫丝厂的创办与发展，标志着广东乃至全国缫丝业进入新的历史时期，逐渐改变了中国手工缫丝的落后局面，促进了广东商品货币经济的发展。到1901年，广东全省经营机器缫丝业者数百家，尤其是女工以此营生者达十几万人，生丝出口额达4000余万两，对中国女性社会地位的提高也起了推动作用。

# 张裕葡萄酒
## ——中国民营第一家

　　说起张裕葡萄酒，现在几乎无人不知，无人不晓。但其创始人是谁，最初酒厂是如何创办的，却少有人知。

　　张裕葡萄酒的创办人，乃华侨实业家张振勋，是广东梅州人。他在18岁时只身闯荡南洋，成为南洋华人首富，资产高达8000万两白银，被美国人称作中国的"洛克菲勒"。此外，他还被清政府任命为大清驻马来槟城首任领事，后又升迁为驻新加坡总领事。

　　1890年，张振勋在海外一次宴会上，听到法国领事关于葡萄酒的一席演讲，他想起山东烟台的气候环境很适合种植葡萄，萌生了到烟台开办葡萄酒企业的想法。

普通话音频　　　　　粤语音频

第二年夏天，清政府督办铁路大臣盛宣怀邀请张振勋到山东烟台商议兴办铁路、开采矿藏的事。在谈话中，张振勋提起他很想实地考察一下葡萄生长情况的想法。无巧不成书，盛宣怀也早有这个想法，认为烟台一带葡萄出产丰富，售价低廉，很适合建葡萄酒厂。两人不谋而合，当即决定投资，在烟台创办葡萄酒厂。

在盛宣怀的支持下，张振勋开始筹建酒厂。他一面在烟台购买土地，定制机器，建筑厂房、酒窖，开辟原料基地，一面写信回家乡，招集张氏子弟和亲戚来做帮手。

1894年9月，张振勋筹办的烟台张裕酿酒公司得到了政府的正式批准，并获得了在直隶、奉天、山东三省的15年专利和免税3年的政策优待。这是我国近代第一家同时也是当时远东地区最大的新式酿酒公司。

1915年，巴拿马太平洋万国博览会在美国旧金山举行，张振勋带着自己公司酿造的三种酒参展，结果一举获得金质奖章，从此张裕公司酿制的金奖白兰地闻名于世，奖章缩印在商标上，一直沿用至今。

一个世纪过去了，尽管张裕公司经历了百年的风霜，张裕的品牌却留存了下来，创始人张振勋那种不畏艰难、发愤图强、为国争光的精神也得到了传扬。

# 中国航空之父

## ——中国飞机一飞冲天

冯如，广东恩平人，是中国第一位飞机设计师、制造师和飞行家，被誉为"中国航空之父"。

冯如出身于广东恩平县一个农民家庭，由于家里穷，4个哥哥先后夭折了。小时候，家里买不起玩具，小小年纪的他总是自己动手做玩具。用火柴盒做成轮船，用硬纸片做成小飞机，用几块铁皮做成工具箱，日子一长，他练得心灵手巧。

1895年，只有12岁的冯如告别双亲，随表兄赴美国旧金山谋生。在那里，他一边做工一边参加教会学校的学习，后来又转赴纽约学习机械制造。这期间，冯如深感中国科技的落后，以致处处受别国的欺凌。他发誓要为中国人争口气，

普通话音频

粤语音频

要用自己学到的知识报效祖国。

在很短的时间里，冯如先后掌握了30多种机器的操作、维修等本领。他利用在华侨中募集到的捐款，在旧金山租了一间厂房，并请了3位华侨青年作为助手，开始了艰难的飞机设计和研制工作。面对一次又一次的失败，他没有气馁。为了试飞，即使他先后8次从飞机上坠地，也没有畏缩，并且他坚信自己一定会成功。

终于，冯如成功设计制造出自己的飞机，并进行试飞表演。当时许多记者都怀疑，这架飞机能顺利地飞上蓝天吗？能比美国莱特兄弟的飞机飞得更远吗？最后，令西方世界震惊的是，冯如驾驶的飞机不仅顺利地飞行了，而且首飞的航程达到800多米，是莱特兄弟首次试飞航程的3倍多！到了1910年，冯如又以新设计的飞机参加国际飞行比赛，以200多米的飞行高度和104.6千米的时速分别打破了1909年在法国举办的第一届国际飞行比赛的世界纪录，荣获优等奖。

成名之后，很多外国公司都希望以重金聘请冯如，但冯如坚持要为祖国效力，最后将他的广东飞行器公司迁回广州，成了中国第一家航空企业。

# 健力宝

## ——东方魔水的故事

　　健力宝，诞生于改革开放时期的广东省佛山市三水区，作为最早的民族运动饮料品牌，可以说是中国制造的见证者和亲历者。其生产的"健力宝"牌饮料曾经风靡全国，被誉为"中国魔水"。

　　在1983年，当时的三水县（今广东省佛山市三水区）酒厂与广东体育科学研究所等科研单位合作，研制出一款既能为运动员补充体力，又适合普通人饮用的饮料，原名为"促超量恢复合剂运动饮料"。这样的名字显然不适合在市场上推广，后来三水酒厂的厂长李经纬为产品想了一个新名字——"健力宝"，并成为当时中国唯一的易拉罐饮料。

普通话音频

粤语音频

1984年，中国派出代表团参加洛杉矶奥运会，健力宝作为运动饮料，自然机不可失，于是与国家体委合作，免费向运动员赠送饮料，并赞助中国奥运代表团。

而随着中国奥运代表团在洛杉矶奥运的出色表现，健力宝饮料也受到极大的关注，甚至有外国记者认为，中国运动员取得的成绩，与健力宝有关，于是将其称为"东方魔水"。

经此一役，健力宝成了家喻户晓的饮料，畅销全国。而此后健力宝也一直坚持与体育赛事相结合的策略，赞助了多届大型运动会，令声誉和销量更上一层楼，一度成为中国第一的饮料品牌。

几十年过去了，健力宝经历了许多起起伏伏，也曾经推出过很多新款饮料。但在广大消费者的心目中，最经典的还是1984年那款风靡一时的"东方魔水"。

# 腾讯

## ——从深圳走出的巨头

腾讯，是当今中国乃至世界最大的互联网企业之一，并在多个领域都取得了巨大的成功。回顾其创始人的创业道路，我们可以看到这个在广东深圳成长起来的互联网巨头，并非一帆风顺，也曾经历了不少坎坷。

腾讯的创始人马化腾是广东潮汕人，深圳大学计算机专业毕业。也许是潮汕人的经商传统、计算机专业知识、深圳浓厚的创业氛围和良好的创业环境，共同催生出这一家知名企业。

1997年，马化腾接触到国外的ICQ软件，引起了他极大的兴趣。但在使用之后，发现其界面不太适合中国用户使

普通话音频　　　　粤语音频

用，于是他萌发了制作一个类似ICQ的中文软件的想法。

到了1998年，马化腾与张志东在深圳成立了腾讯计算机系统有限公司，以开发OICQ作为创业的起点。

在创业初期，腾讯曾经遭遇极大的困难，尤其是在资金方面。因为腾讯QQ的用户不断增长，需要的服务器、支撑设备也越来越多，而当时的QQ还没有太多的盈利模式，腾讯公司一时之间陷于困境。在最困难的时候，马化腾曾四处奔波寻找投资方，甚至曾经与几家公司谈判想把QQ卖掉，但都以失败告终。

到了1999年底，美国的互联网产业进入高速成长期，马化腾带着自己的商业计划书到海外寻找投资，终于得到了IDG和盈科数码的投资，帮助企业渡过了难关，最后成长为今天世界前列的互联网企业。

相信那些曾经拒绝过马化腾的人，都一定会为自己错失了投资腾讯这个黄金机会而感到惋惜吧。

## 海天调味
### ——众口难调更要调

说起海天这个品牌，喜欢美食的朋友一定印象颇深。这家佛山的"中华老字号"企业，曾经多次荣膺中国调味品行业第一，是千家万户每天都必不可少的必需品。

海天调味的品牌，源自于"海天酱园"，最早可以追溯到清朝乾隆年间的佛山酱园，距今已有近300年历史。

1955年，佛山25家古酱园进行合并重组，究竟用哪一家的名字作为新品牌，成了大家热议的话题。最后，大家一致认为，海天酱园在25家酱园之中历史最长，规模最大，品种最多，是当地的龙头企业。于是经过公推，将合并之后的企业命名为"海天酱油厂"。

普通话音频

粤语音频

"食在广东"，是中国人自古以来的共识，而酱油调味料，则是烹制美食最重要的一环。身在广东佛山的海天调味，自然要做到精益求精，才能从广东脱颖而出，从而走向全国、全世界。俗话说"众口难调"，调味料如何在标准化大规模生产的前提下，满足用户的需要，是现代企业的一个新难题。在这方面，海天调味也与时俱进，从靠师傅的舌头判断，转化成数据化控制，通过大数据收集来提升和保证调味料的口味。

对于每一家老字号企业来说，如何在保留传统的基础上有所创新，以适应现代生活和现代人的需要，是一道必考的难题。而海天调味在这道题上交出了出色的答卷。

# 大疆无人机
## ——自主创新终成大器

近年来，一说到无人机，很多人几乎会本能地想起"大疆"这个品牌。一定程度上，"大疆"几乎成了无人机的代名词。

2006年，毕业于香港科技大学的汪滔与合作伙伴一起在深圳创立了深圳市大疆创新科技有限公司。自此之后，大疆在以无人机为中心的科技创新领域不断发展，逐渐成长为全球领先的科创企业。2015年美国著名商业杂志评选的十大消费类电子产品创新型公司中，大疆成为唯一一家中国本土企业，仅次于谷歌和特斯拉。

像每一个科创公司一样，大疆在创业的道路上，也经历

普通话音频

粤语音频

了很多的困难和波折，才有了后来的辉煌。在创业初期，创始人汪滔并不擅长营销，每个月销售20套飞控芯片的目标竟然也难以达成，导致初始团队成员纷纷离开。

后来，汪滔将精力和资源集中在四旋翼无人机上，并参加了美国举办的无线电遥控飞机展销会。在展销会上，科林·奎恩认识了汪滔，并向他提出用无人机提供空中稳定拍摄视频的需求。经过几个月的奋斗，汪滔终于研发成功，而科林·奎恩也成了他的合作伙伴，为大疆在北美的拓展做出了很大贡献。

然而，两人后来却因为与世界最大的运动相机品牌GoPro的合作而分道扬镳。当时GoPro希望与大疆达成战略合作，指定大疆为其运动相机提供无人机。科林·奎恩觉得这是个千载难逢的机会，而汪滔却认为GoPro的产品不够好，大疆在未来一定会做出更好的产品，占领这个市场。

这个决定导致科林·奎恩的离开，但事实证明汪滔的判断是准确的，大疆后来果然进军影像拍摄领域，并成为这个领域的领军者。

# 蕃坊

## ——古代的"外宾专用接待处"

在唐代,中国东南沿海有一条叫作"广州通海夷道"的海上航路,这是中国海上丝绸之路的最早叫法。这条航线全长1.4万千米,途经100多个国家和地区。广州依靠地利成为当时的第一大港,来自世界各地的商人、使者穿行不息,热闹非凡。

当时人们驾驶的是木帆船,冬天靠东北信风,夏秋凭借西南季风航行,从广州至阿拉伯地区,需要航行百日左右。来往于广州与阿拉伯之间的商舶,为了补充给养、等候季风等原因,一般需要两年才能往返一次,这就使得来广州贸易的商人需要在中国逗留一段时间。时间一长,被称为"蕃客"的外国商人越来越多,而广州城南面积又十分有限,带

普通话音频

粤语音频

来诸多不便。为了安置外商，地方官府便在城西坡山一带选址设立"蕃坊"。当时广州官府对这些蕃客的管理，主要依靠"夷人自治"的方式，指定一些久居广州，有巨大影响力的商人，授予"蕃长"的职务，由他们去管理外国商人。

据说，在宋代有位外商叫辛押陀罗，自愿向官府申请当"蕃长"。他当上蕃长后，大量地向阿拉伯国家发布招商文书，向家乡的人介绍宋朝及广州的商业环境与外贸政策。辛押陀罗在与宋朝官员打交道的时候，会穿上宋朝的官服，行宋朝的礼节，这一点让广州的知府非常的满意，给了他很大的权限，蕃坊中的一般性违法事件，都让他自由衡量处理，碰到严重的案子才需要上交。

辛押陀罗任职期间，致力于为外商解决实际问题，例如外商的未成年子女教育，就是个大问题。他努力和广州知府沟通后，办了一所双语教学的国际学校：广州蕃学。里面就读的都是胡商的子女，一方面教授中国的文化，另一方面也用阿拉伯语教授他们自己的文化，无形中为中外贸易培养了大批的双语翻译人才。公元1072年，辛押陀罗以使者的名义，向宋神宗上表朝贡，表示自己要回阿拉伯了，向朝廷推荐继任蕃长的人选，宋神宗还封他为归德将军，七级的武散官。

# 粤海关

## ——中国近代史的见证人

虽然中国自古以来沿海地区的对外贸易就相当发达，更有海上丝绸之路的历史传统，但正式开设"海关"，则是在清朝才开始。

清朝初年，因为沿海地区残存南明势力，郑氏又占据台湾，从事反清活动，所以清朝政府曾实施严厉的海禁制度。到后来平定了三藩之乱，收复了台湾，终于在1684年开放海禁，设立了粤、闽、江、浙四个海关。

但到了乾隆年间，清朝政府关闭了闽、江、浙三个海关，仅留广州一口通商，粤海关就成了全国唯一的海关，具有举足轻重的作用。

普通话音频

粤语音频

鸦片战争之后，广州一口通商的垄断地位被打破，但粤海关仍是重要的口岸之一，到第二次鸦片战争之后，清朝政府先后聘请英国人李泰国和赫德出任总税务司，负责全国海关税收事务。自此之后，粤海关即处于外国人管理之下，直至1949年新中国成立。

　　在晚清时期，英国人赫德曾担任总税务司长达半个世纪之久，他在任内引进了国外先进的海关管理制度，为当时落后的清朝建立起相对先进的海关税收体系，革除了许多陋习，在当时贪腐横行的晚清政府中显得尤为突出。他任内的海关税收在后期占清朝政府财政收入的四分之一，晚清时期无论是洋务运动建立近代工业，还是支付军费赔款，都有赖海关税收的支持。

　　民国时期，粤海关于1916年在广州的沿江路修建了海关大楼。这栋大楼仿照欧洲古典建筑形式，楼顶设有英制全机械传动式立钟，至今仍保持完好，它又被称为"大钟楼"。当时粤海关依然把持在外国人手中，孙中山先生和国民政府均曾致力于收回海关主权，但这个目标的最后达成，则要等到1949年了。

　　中华人民共和国成立之后，"粤海关"改名为"中华人民共和国广州海关"，粤海关的称呼成了历史名词。

# 市舶司

## ——中国古代的海关

在"海关"设立之前，中国在各大港口都设有管理海上对外贸易的机构，称为"市舶司"。

早在唐代，广州的海上贸易就颇为发达，多国商人云集于此。因此在唐高宗年间，朝廷即在广州设置市舶使，负责管理海上贸易，征收关税、采购外国商品、管理进贡物品，一般由宦官担任，兼具海关和外交的角色，是市舶司的前身。

到了宋朝，广州的海上贸易更加发达，于是北宋在广州设置市舶司，后来又陆续在多个贸易港口设置此机构。宋朝的市舶司功能更为齐备，包括检查本国货物与人员，发放公

普通话音频

粤语音频

凭出海；对进出口货物实行抽分，即实物形式的关税；对特定商品进行采购、发放分销许可；主持祭祀仪式；等等。

与其他朝代以农业税为主不同，宋朝的市舶司收入颇丰，是财政收入的一项主要来源，在北宋中期即达到42万缗左右，而到了南宋时期更达到150万缗，占财政收入15%左右。

到了元、明两代，市舶司的职责基本与宋朝一致，没有什么大变动，只是随着朝廷对海外贸易的态度变化，其重要性也不断变化。例如，明朝嘉靖年间，因为倭寇猖獗，一度暂停了浙江、福建两个市舶司，只剩广东一司。

作为古代的贸易管理机构，市舶司在中国古代对外贸易中扮演了重要的角色，一定程度上推动了对外贸易的发展。但每逢皇朝晚期，往往官僚主义和腐败之风盛行，市舶司也不能例外，它也会成为对外贸易的障碍。

# 五口通商大臣

## ——天朝下的特例

清代的"五口通商大臣"，是一个非常特殊的职位，与中国近代历史有着密切的关系，也与广东地区的经济贸易发展密切相关。

在第一次鸦片战争之后，清朝政府与英国签订《中英南京条约》，约定开放五口通商，并设置钦差大臣办理外交及五口通商事务，称为"五口通商大臣"。

因为当时清朝政府并没有设置外交部门，甚至根本不认可"外交"的概念，认为外国均为夷狄，只有朝见进贡，何来外交？所以当时西方各国与清朝打交道，往往有不得其门而入的感觉。因此在签订条约时，特别强调需设置全权代表

普通话音频

粤语音频

负责外交事务。

清朝政府当然不愿意应外国的要求设立外交部门，但也觉得必须有人负责处理"夷务"，于是任命负责签订《中英南京条约》的耆英为五口通商大臣。其后，耆英任两广总督，五口通商大臣衙门便移到广州。自此之后，两广总督兼任五口通商大臣便成为惯例，直到第二次鸦片战争后，才移到上海和南京，改称南洋通商大臣，由两江总督兼任。

五口通商大臣对于当时的清朝政府来说是一个特殊设置。对于当时秉持"天下体制"的清朝而言，中国是天下的中心，外国如果不是敌人，就是仰慕中华上国的夷狄，不可能有平等的外交关系。但对外战争的失利令清朝政府不得不应对外国的要求，于是就设置了这个特殊的职位，让外交事务仍然作为省级事务，由两广总督兼管。如此一来，就保持了"中华上国"的体制。

可惜，这种自欺欺人的做法，到最后还是抵不过外国的坚船利炮，清朝政府后来还是设置了总理各国事务衙门，也容许外国公使驻京，渐渐被卷入西方的"世界体系"之中。

# 中国第一条民办铁路

## ——路通方可财通

　　众所周知，由詹天佑设计修建的京张铁路是中国人自行设计和建造的第一条干线铁路。相对而言，第一条国人自筹资金、自主施工修建的铁路，则鲜为人知，这就是广东的新宁铁路。

　　新宁铁路，是广东新宁县（现台山市）到新会县的铁路，由著名华侨陈宜禧主持建造。

　　陈宜禧是广东省新宁县人，1846年出生。他自幼家贫，15岁时随同乡到美国谋生，在一个工程师家庭做用人。因为辛勤肯干，工程师夫妇对陈宜禧十分赏识，不但教他文化知识，还教他铁路制造工艺。后来，陈宜禧经过多年努力，被提升为

普通话音频

粤语音频

工程师的助手，技术上更为精进，而经济上也渐有积蓄。

在美国，陈宜禧目睹华人同胞经常被洋人欺负，又见识到美国东西铁路贯通对经济发展的帮助，逐渐滋生回乡建筑铁路，以求富国利乡的思想。他还利用做买卖的机会，经常向同乡宣传称："如果新宁无一条铁路，就算你在金山捞到盆满钵满，亦不能多带一个金山箱返唐山，你又讲乜叻？"

所谓"金山箱"，是当时流行的一种大储物箱，当时很多华侨喜欢带回家乡以示衣锦还乡，陈宜禧这个说法真的打动了不少人。

到了1905年，已经59岁的陈宜禧回到家乡，倡议集资修筑铁路。在他的倡议之下，不少乡绅华侨都踊跃参与，在"不招洋股、不借洋债、不用洋人"的前提下成功建立铁路公司，开始修筑铁路。

在克服了重重困难之后，新宁铁路终于在1909年通车并开始运营。这条中国第一条民办铁路将原来一天的路程缩短到两小时，从此，陈宜禧口中的"金山箱"也能够畅运无阻。

# 华为

## ——永不止步的中国精神

　　诞生于深圳的华为，已经成长为世界通信技术行业首屈一指的企业，而它的创始人任正非的创业故事，也一直激励着一代又一代的创业者。

　　1987年，任正非因为一个偶然的机会，成立了深圳华为公司，成为一家香港公司的交换机代理商。当时，背靠香港向内地销售产品赚取差价，是一个极其普遍的商业模式，也能赚到不少钱。但任正非却不满足于只赚代理的钱，他在卖设备的过程中，了解到市场对于程控交换机的巨大需求，也了解到当时的设备几乎全部依赖进口。于是，任正非决定要开发自己的程控交换机。

普通话音频

粤语音频

经过一番艰苦努力，华为很快开发出自己的产品，迅速打开了市场，产值和利润都有了巨大的提升。但面对国际电信巨头的竞争，当时的华为还处于劣势。于是，华为采取了"农村包围城市"的打法，把业务拓展到广大的三四线城市和农村市场。当时的国际巨头因为成本和价格的原因，分支机构最多只会设在省会和重点城市，而华为则通过开拓三四线城市和农村市场，不但避开了与国际巨头的正面竞争，还打造了强大的营销团队和研发团队，为后来开拓重点城市打下了基础。

在国内市场站稳脚跟后，华为又开始了向海外市场的拓展。凭借着优良的服务和不断加大的研发力量，华为终于成长为国际电信巨头之一。后来，华为又进军更多领域，并且在不同领域都取得了不俗的成绩。

也许，永不止步的精神，才是华为成功的法宝吧。

# 潮汕商埠

## ——"天子同商"的传说

海上丝绸之路是古代中国与外国贸易和文化交往的海上通道，在秦汉时形成，在唐宋时发展繁荣。潮汕是海上丝绸之路的重要地理位置，这里优良港口众多，贸易繁荣，造就了四大商埠——庵埠、达濠埠、樟林埠与汕头埠。

其中，庵埠港的兴起最早可上溯到南宋时期，是一个近海的重要港口，因其旁有庵寺，故名"庵埠"。关于庵埠的商业，还有一个有趣的传说。

相传，乾隆皇帝有一次乔装成一个员外，到江南游玩。在观赏杭州灵隐寺时，在大殿翻看一本"随喜功德"簿，见捐香油的人大多只写着三几两银子，唯独一人却捐了千两之

普通话音频　　　　粤语音频

多。乾隆颇为惊叹，再细看落款是"善男潮州陈美"，于是找来方丈，表示想见一见此人。

方丈说："这位善信是专营海运的商人，他的船只正停在钱塘江口，待老衲打发小僧把他请来。"

原来这位陈美是潮州庵埠镇大鉴村人，因为做海运生意，经常来往于潮州和苏杭之间。这次他到灵隐寺进香，捐了白银一十两，由于写的是直行草书，"一"和"十"相连，才使乾隆皇帝误看成"千"字。陈美被请进寺后，与乾隆相谈甚欢，颇有一见如故之感。两人在寺内享用素宴，谈到海运生意，陈美表示："这营生本来不错，就是一路关卡重重，关关要税，最后得利甚微。"

乾隆笑着说："这生意我们来合办如何？不过我只出字，不出钱。" 说罢，乾隆拿来纸笔，挥笔写下"天子同商"四个大字送给陈美，吩咐其回去后制成一面黄旗挂在货船上。

自从有了这面黄旗，陈美的商船通行无阻，各处税关都不敢再乱收税费，陈美和庵埠的生意自然也就越做越大。

# 黄埔古港

## ——"海上丝路"的见证人

　　黄埔古港位于广州市海珠区石基村，从南宋时起已是"海舶所集之地"，到了明代逐步发展成为广州对外贸易的外港，至清代更是广州海上丝绸之路的必经港口。

　　黄埔古港像一位忠实的史官，见证了广州"海上丝绸之路"的繁荣，到了清乾隆二十二年（1757年），朝廷撤销了江、浙、闽三海关，只保留粤海关，指定广州为中国唯一对外贸易口岸长达80多年。其间黄埔古港迅速发展，在这里有黄埔税馆、夷务所、买办馆等，外国商船必须在这里报关后由中国的领航员带商船入港，办理卸转货物缴税等手续，然后货物才能进入十三行交易。据《黄埔港史》记载，从乾隆

普通话音频

粤语音频

二十三年（1758年）至道光十七年（1837年）的80年间，停泊在黄埔古港的外国商船共计5107艘。

　　进出黄埔古港的无数船只之中，当以"哥德堡"号最为著名。瑞典东印度公司1738年建造的商船"哥德堡"号，曾经三次经过海上丝绸之路，抵达广州进行贸易。遗憾的是，在1745年，"哥德堡"号装载着中国的瓷器、丝绸、茶叶等货物，踏上第三次中国之行返程时，遭遇暴风雨袭击，不幸在哥德堡港入口处沉没。相传当时从沉没的"哥德堡"号船上打捞出来的货物，除去船的损失以及打捞工程的费用还能有利润。

　　此事传开后，西方往来黄埔古港的商船更是络绎不绝。

# 双鱼体育用品

## ——冲出中国，走向世界

广州的双鱼体育用品集团，成立于1960年，最早以乒乓球器材闻名，其后逐渐向更多领域发展，现在已经成为中国最大的体育用品生产商之一。

中国是乒乓球大国，双鱼的乒乓球器材很早就已经在国内广受欢迎，但说到走出国门走向世界，成为真正的国际性品牌，则要说到1999年的世界乒乓球锦标赛。

1999年第四十五届世乒赛原定在南斯拉夫贝尔格莱德举办，但由于战争原因，国际乒联临时将单项比赛移师到荷兰的埃因霍温举行。当时，双鱼公司已经把为世乒赛提供的全套比赛器材准时运抵赛事组委会指定的南斯拉夫科佩尔港

普通话音频

粤语音频

口。但由于临时转换比赛地点，加上战火蔓延，器材在当地搁置70多天后，几经辗转颠簸，才好不容易运抵荷兰的埃因霍温市。

由于之前在国外举办的国际赛事，从来没有使用过中国生产制造的比赛器材，加上运输过程经历战火颠簸，国际乒联和赛事组委会对器材的情况相当担忧。器材转运到埠后，国际乒联马上对比赛器材开箱进行严格的检验，结果发现双鱼球台质量完好，完全符合国际比赛标准。

而且在随即展开的世界赛单项比赛中，双鱼器材没有出现一例质量投诉。国际乒联的官员对双鱼器材的质量深感满意，给予了高度的评价。

中国体育器材首次走出国门，经受住了严峻的考验，自此之后在越来越多的国际赛事中显露头角，中国制造也越来越得到世界的认可。

# 锦纶会馆

## ——东家行与西家行

　　桑蚕养殖和丝织行业，自古以来就是广东地区的重要产业，加上清朝乾隆年间的一口通商制度，令广州的生丝出口大增。生丝成为最重要的出口商品之一。

　　广州的丝织业一直兴旺发达，在晚清时期，就已经有纺织手工业工人三四万人之多，所产丝织品因质地精美颇受青睐。为了协调管理丝织行业的事务，推进行业发展，丝织行业的老板们组织了一个商业协会，因为丝织业自古被称为"锦纶行"，所以这个协会便称为"锦纶会馆"。

　　锦纶会馆的管理职务主要有两种：一种是常设的，先师主会和锦纶主会，这两个主会由丝织业的东家轮流坐庄，统

普通话音频

粤语音频

一称为"值事",后来还出现过"总理值事"一职,他们都是不受薪的;另一种则是临时性的,如重修值事、演戏值事。从职责上讲,先师主会负责会馆的日常管理,并按照每台机器白银一钱的标准,收取"机户科金";而一些临时性的事务例如喜庆节日活动等,则由演戏值事等负责。

此外,先师主会还负责协调丝织业东家和西家的关系。其中,"东家行"是东主组织,"西家行"是工人组织,这也标志着广州丝织手工作坊中出现了代表东主和工人各自利益的组织,资本主义萌芽状态的新劳资关系在锦纶会馆内的开馆议事过程中,悄然登上了历史舞台。

而锦纶会馆旧址更是广州唯一留存下来的行业会馆建筑,现已成为广州丝织行业博物馆。

# 粤糖

## ——"糖王"的故事

　　自秦朝开始，广东就是蔗糖进贡之地，汉代已有广东地区使用甘蔗制作"石蜜"的记载。到了明清时期，甘蔗汁提取技术不断改进，糖业生产规模不断扩大，广东更是成为全国最大的糖业批发集散地，一艘艘满载"粤糖"的商船扬帆起航，销往海内外各地。

　　说到广东的糖业，有一位人物不得不提，他就是清朝初年的富商，人称郭来的"潮汕糖业大王"郭翊隆。当时粤东各地大兴蔗糖业，棉湖镇周边农村多种甘蔗，不少农村乡寨出现了用牛拉行石滚碌来压取蔗汁制糖的土糖寮。郭来看好蔗糖业的前景，于是从附近农村土糖寮中收购蔗汁，在当时

普通话音频

粤语音频

属普宁地界的糖水灶开炉煮炼，再装在糖漏中冷却凝晶，制成红糖后装袋销售，同时收购其他制糖业生产的红糖，装船北销。自此生意越做越大，据说后来他每年收购和加工的红糖达到几百万担，自己有一支船队，航海大船十八艘。

郭来发家致富后，在老家揭阳修建了一座大宅，在当地被称为"郭氏大楼"，这座大宅极具潮汕地区的建筑特色，被誉为潮汕版"乔家大院"。

关于这座郭氏大楼，还有一个这样的故事。当时有位翰林院学士叫林景拔，他见郭来修建的大宅比自己翰林府还要辉煌，又瞧不起"郭氏大楼"主人的商人身份，心生不忿，就唆使一群孩童跑去郭家门前，唱起童谣："郭来郭来，大厝起好是我个。"这是一句潮汕话，大致意思是：郭来郭来，大厝建好了是我（林景拔）的!

幸好郭来也不是等闲之辈，他早年延聘的私塾先生邱久华，后来官至监察御史。这位邱久华为郭来出了个主意，在大楼落成后，在中堂祭祀郭氏先祖——唐代汾阳王郭子仪的神位，连灯笼也写上"汾阳府"字样。郭来还向朝廷买了个官衔，在大楼的门匾中写上"大夫第"。如此一来，林景拔也就不敢造次，郭氏大楼得以保存。

粤糖

# 香港四大商会

## ——见证香港潮起潮落

香港四大商会，一般指香港总商会、香港中华总商会、香港中华厂商联合会和香港中华出入口商会。这四个商会的形成，反映和见证着香港经济的发展与变迁。

四大商会中，最早成立的是香港总商会，成立于1861年。当时清政府刚刚被迫向英国割让香港岛，香港的商业才刚刚起步，因此加入商会的基本上以外资为主，而这也成了香港总商会的传统。随着港资企业会员的不断增加，总商会不但在香港地区颇具影响力，更致力于促进与内地的经贸交流。

香港中华总商会，成立于1900年，顾名思义，其会员企

普通话音频

粤语音频

业以华商为主，早期在团结华商对抗外资控制方面起了很大作用，多位香港地区知名富商都曾担任香港中华总商会的会长或名誉会长。随着香港经济发展，华商在香港经济中的比重越来越大，尤其是回归之后，香港中华总商会一直致力于保持香港繁荣稳定，推进"一国两制"，也为香港地区与内地的经济交流融合做了许多工作。

香港中华厂商联合会，则始创于1934年，会员以香港地区的工业、制造业企业为主。从成立时间上可以看到，当时香港正处于制造业开始发展起飞的阶段，因此组织工业产品展会、推动制造业升级、解决劳工问题等工作就成了当时的燃眉之急，而香港中华厂商联合会也及时地承担起这些工作。

而最后成立的，则是香港中华出入口商会，成立时间是1954年。虽然香港地区多年以来都是贸易繁荣之地，但20世纪50年代，正是全球贸易开始大步发展，香港越来越多地参与全球贸易，而国际贸易对于专业化的要求也越来越高的时期，因此香港中华出入口商会也应时而生，其会员主要来自从事进出口贸易或者与工商业有密切关系的专业人士。

# 周大福
## ——千足纯金的诞生

香港人听到香港富豪郑裕彤的名字，都会马上想起家喻户晓的"周大福珠宝"。作为香港地区代表性的商人之一，郑裕彤虽然拥有着今天的辉煌，但其实儿时也经历过贫寒，他的成功也并不是简单的"幸运"两个字可以概括的。

郑裕彤出身于广东顺德一个贫寒家庭。在他13岁那年，由于日本侵略军进犯广州、香港，而当时澳门是葡萄牙管治，为保安全和谋生，父亲郑敬诒就将儿子送往澳门，到挚友周至元开的"周大福"金铺去当伙计。

郑裕彤似乎天生便是为黄金珠宝而生，对做珠宝生意极有兴趣，很快就掌握了坐店营销的要领并痴迷似的钻研。他

普通话音频

粤语音频

常利用上下班的时间，看看路过的金铺来做对比。

据说有一天，在上班途中郑裕彤路过一家金铺，发现橱窗里摆放着好几款别具一格的饰品，不由得揣摩起来，因而耽搁了上班时间。他就战战兢兢地回去跟老板说明原因，结果老板不但没有责备，反而派他去观察同行的金铺。照规矩，在金铺学徒需要满3年才能出师，可郑裕彤未满3年就荣升为金铺掌管，负责铺面的日常经营。

1946年，21岁的郑裕彤到香港设立了"周大福分行"，首创"九九九九金"，率先开创了金饰制造的新工艺，为"周大福"此后的发展奠定了雄厚的经济基础。短短几年，"周大福"分行便已增至11家。

多年来，郑裕彤创下的业绩，早已传为佳话，他以自己60年勤奋进取的实际行动，证实了心"诚"体"勤"是成功的不败原理。"周大福"的发展史，既是香港地区经济起飞发展的历史，也是郑裕彤个人奋斗的历史，时势与机遇，缺一不可。

# 李锦记

## ——一锅烧糊生蚝引发的生意

李锦记的创始人李锦裳，出生于广东新会，幼年丧父，与母亲蔡氏相依为命，务农为生。由于受到当地豪强迫害，两人背井离乡从新会搬到了珠海南水圩，开启一段新生活。南水圩是靠近珠江口的一个小岛屿，水产资源十分丰富，住在这里的人几乎每天都会下海捞鱼来卖。母子俩就因地制宜，在当地开了一家茶寮，靠卖茶水和蒸煮新鲜生蚝为生。

到了1888年，一次意外彻底改变了母子二人的命运。一天，李锦裳和往常一样，独自在店里煮生蚝，母亲则去市场收蚝，一时半会回不来。于是店里的生意都落在了李锦裳一个人头上，他又要煮生蚝又要招呼客人，分身乏术，完全把

普通话音频

粤语音频

后厨煮生蚝一事忘得一干二净，直到后厨传来一股奇怪的味道，他才猛然惊醒。

跑过去之后，李锦裳第一时间就把火熄灭了，他觉得锅里的生蚝肯定早就糊了，于是打开锅盖，准备处理一下"残局"。没想到的是，他打开锅盖之后，却闻到一股浓郁的香味，同时还看到锅底浮着一层炭黑色的汤汁，浓郁而黏稠。

在香味的引诱之下，李锦裳尝试性地舀了一勺，出人意料的是，汤汁的味道竟十分鲜美，它凝聚了生蚝所有的精华，后来，李锦裳将其命名为"蚝油"。从那天起，李锦裳也不煮生蚝汤了，他白天向蚝民收购生蚝，晚上就熬制蚝油，销售十分火爆，李锦记蚝油庄不久就正式开张了。

李锦裳还找人在店铺上写了三个大字"李锦记"。从此"李锦记"蚝油闻名遐迩，时至今日已然成为国际知名的中式酱料品牌。

# 钜记

## ——澳门"手信"人人爱

　　到澳门旅游的游客只要去到大三巴牌坊，很多都会去一家叫做"钜记手信"的店买猪肉干、杏仁饼等零食作为手信，带回去给家人朋友品尝。这家本土知名商号的创业故事，事实上也见证了澳门回归前后的时代机遇。

　　钜记创始人梁灿光10岁随父亲移民澳门，在街头经营一个车仔档贩卖花生糖。梁灿光见原本售卖的花生糖口感不佳，与其他摊贩没什么不同。眼见生意一般，善于动脑筋的梁灿光就琢磨出了一款香脆的"薯片"花生糖，随后又捣鼓出了"软姜糖"，逐渐成为澳门手信里的一个特色产品。随着口味的改进，加上梁灿光风雨无阻天天出摊，车仔档的生

普通话音频

粤语音频

意越来越好。

到了1997年，梁灿光不顾父亲的极力反对，在清平直街开设第一家钜记。当时正好遇上金融危机，回归前几年治安状况很差，所以生意一直不好做，甚至有一段时间又干起了车仔档的生意去补贴店铺。幸好，在苦苦挣扎中煎熬了不到两年，便迎来了转机——澳门回归。

为了迎接回归，中国政府与当地政府合作，开始着手整治澳门治安，钜记的生意也慢慢好起来了。不过真正让梁灿光看到前景的时刻，是2003年澳门开放了内地自由行。对于梁灿光来说，最直接感受到的变化，就是游客爆发式的增加。为了应对越来越多的游客，到2009年澳门回归十周年时，钜记已经开了第十家分店。

如今的钜记手信在澳门拥有二十多家门店，讲起澳门的手信，很多人第一时间都想起"钜记"的品牌。品牌的成长不但见证了梁灿光的个人创业沉浮，也见证了一个小小商铺如何在时代与历史的变化之中，借助机遇爆发出巨大能量。

# 太平馆

## ——广州人开的西餐厅

在广州最繁华的步行街北京路上，有着广州人自己开的第一家西餐厅——太平馆。这家餐馆创立于清光绪十一年（1885年），1925年周恩来和邓颖超在广州结婚，曾在此餐馆宴客，享负盛名的"总理套餐"和"总理夫人套餐"就是来自这次宴席。而在盛名之下，你可能无法想象它最初只是一家路边摊。

太平馆的创始人徐老高自小对烹饪很感兴趣，在沙面一家洋行做厨房杂工。有一次，徐老高看到洋人厨工在调制配料，他觉得这样调出来的味道不太好，于是提出了自己的想法。谁知，洋厨工一听就发火了，说他居然教洋人做西餐！

普通话音频

粤语音频

徐老高就此失业。

徐老高愤愤不平，决心要让大家都品尝到他的西餐。在看到街边的云吞面不仅可以在铺面卖，也可以拿扁担挑去卖之后，他灵机一动，为什么西餐就不行呢？于是他就开始街边卖煎牛扒了。

街坊们看到突然有人在街边卖煎牛扒，觉得很新奇有趣，不少人都前来一试，因为徐老高功底扎实，牛扒味道好，很快就大受欢迎。随着生意做大，从挑扁担变成了开小档，又从小档变成了大铺。而正因为店铺是开在太平沙（即如今北京南路一带），所以店名就叫做"太平馆"。

"吃西餐，到太平馆啦！"是老一辈广州人常说的一句话，而太平馆也成了广州西餐业发展的历史见证。虽然现在的广州城里西餐厅已经十分普遍，但太平馆的风味，依然让不少老广怀念，也吸引了不少年轻人去体验。

# 潮汕商帮

## ——"东方犹太人"

**千年商埠有段古**

在中国近现代历史上，潮汕商帮是一个有着传奇色彩的群体，他们在全世界范围内，尤其是港澳和东南亚地区创造了不少商业神话，因此也被称为"东方犹太人"。

顾名思义，潮汕商帮发源于广东潮汕地区，最早可以追溯到唐朝后期，在清朝时更是与晋商、徽商并列成为中国三大商帮，是具有海洋性格和海洋文化的华人商帮，也被誉为"红头船"商帮。

为什么潮汕商帮又被称为"红头船"商帮呢？原来，在1684年，也就是康熙二十三年（1684年），清政府统一台湾后，一度解除了海禁政策，设立闽、粤、江、浙四大海

普通话音频

粤语音频

关。但是，到了雍正时期，南方沿海海盗十分猖狂，而清政府海军力量不足，只好要求这四个地方对出海的民船进行编号刻字，同时需要在船头涂上不同的颜色，以便进行区分和船务管理。按照规定，苏州船是黑色的，浙江船是白色的，福建船是绿色的，而广东船则是红色的，故称"红头船"。

当时，一批又一批潮汕地区的人士就是从汕头东里镇的樟林古港，乘坐这种红色商船，漂洋过海，到世界各地经商谋生。据史料记载，咸丰八年（1858年），旅居暹罗（今泰国）的华人有150多万人，而其中有80多万人是从樟林港乘红头船出洋的潮汕人。"红头船"商帮之称便是由此而来。

如今，潮汕商帮文化已有千年历史，却仍然保持着蓬勃的生命力和影响力。据说，在2000年潮商最鼎盛时期，香港股市40%的市值为潮汕人所有。而现当代潮商中，也涌现了像李嘉诚、林百欣、马化腾这些商界巨头。潮汕商帮的成功，除了时代给予的机遇之外，更多的还是源于他们刻苦耐劳、拼搏进取的精神，以及注重地缘血缘、相互团结的强大凝聚力。

# 泮溪酒家

## ——巧计护珍品

泮溪酒家坐落在广州市的荔湾湖畔，于1947年由广州人李文伦、李声铿两父子创办，因地处泮塘，且附近有5条小溪，其中一条叫"泮溪"，因而得名。早年的小酒家虽然简陋，但充满乡野风情，加上李氏父子悉心经营，引得不少食客专程前来品尝，到50年代初，泮溪酒家已经有一定知名度。

到了1959年，泮溪酒家开始了大规模的扩建，在扩建过程中，得到了时任市长朱光自始至终的重视和关心。朱光市长多次到工地视察，并提出了许多具体意见，如迎宾楼及大型石山的设计图纸均由他亲自审稿。此外，为突出岭南庭园

普通话音频

粤语音频

的装饰风格，他还建议在市内搜集古代园林建筑中有经典代表性的艺术珍品，用于泮溪酒家的扩建工程。这些古色古香的艺术珍品，给泮溪酒家增添无穷的韵味和价值。经过两年的扩建，泮溪酒家就此成为驰誉中外的"江南第一家"。

"文革"时，这批艺术珍品曾受到冲击，眼看就要毁于一旦，泮溪酒家的职工心急如焚，苦思冥想，终于想出了一道良策，用夹板把这批艺术珍品封盖起来，在夹板上涂上红漆，在上面写上宣传标语和口号，使破坏者望而却步，这批艺术珍品才得以保存下来。

现在的泮溪酒家，除了保持传统和创新粤菜外，还增加了川、鲁、淮扬、潮州和亚太（地区）菜，使泮溪酒家初步成为集饮食大成于一体的"美食园"。最近几年，泮溪酒家还获得了"中华老字号"全国旅游系统优质服务单位、广州市著名商标等荣誉称号。

# 广州酒家

## ——广州餐饮业的传奇

在广州众多老字号里，以"广州"命名的西关老字号——广州酒家，一直是一个特别的存在。而关于它的故事，最早要追溯到1935年。一名叫陈星海的茶庄商人，看中了文昌南路和上下九交界的一块风水宝地，便在这里开设了一间酒家。因店面面向西南，于是陈星海给它取名为"西南酒家"。

西南酒家自面世以来，就自诩为"广州第一家"，着力营造"名店、名厨和名菜"的形象，不但重金装修，还聘请了顶级厨师，包括"世界厨王"梁贤、"南国厨王"钟权，以及广州市点心界"四大天王"中的禤东凌、李应、区标三

普通话音频

粤语音频

位名师。因此，西南酒家很快就声名大噪，吸引了不少社会名流和军政要员光顾，宋子文、蔡廷锴、陈济棠、张发奎、余汉谋等均为座上客。

到了抗战期间，广州沦陷，西南酒家不幸被烧毁，一度中止经营。好在创始人陈星海并未放弃，很快又通过股票集资的方式重振酒家，再度开业，同时将其名字改为"广州大酒家"，取的正是"食在广州"之意。

20世纪50年代，广州大酒家经过公私合营改造，不但研制和供应大众化粤菜，还为"广交会"供应创新的名菜名点。1973年，正式更名为"广州酒家"。到了80年代，面对市场激烈竞争，30年没有装修过的广州酒家以37万元资产向银行贷款400万元，对酒家进行全面升级改造，广州酒家从"头顶电风扇，脚踏花阶砖"的老字号，摇身一变成为集琉璃玻璃、室内园林设计、空调地毯吊灯于一体的现代化高档酒家。

自此，广州酒家的招牌越来越响亮，渐渐成为广州餐饮业的一张传奇名片，也获得了"中华老字号"、全国十佳酒家等荣誉称号。

# 陶陶居

## ——百年招牌无落款

　　在食肆林立的广州，有一座跨越百年的广式茶楼，见证过不同时代的风雨，也留下了许多传奇人物的足迹，它就是始创于1880年的陶陶居。

　　清朝光绪六年（1880年），陶陶居在广州西关第十甫路开张营业，一开始的店名叫做"葡萄居"，主要做的是苏州风味的酒菜，兼营茶市，生意还算不错。后来，"葡萄居"的老板将它转让给了一名陈姓商人，这位新老板突发灵感，将茶楼易名为"陶陶居"，意思是来此品茗，乐也陶陶。

　　而"陶陶居"这个招牌后来声名鹊起，据说与康有为有很大关系。在维新变法之前，康有为在广州创办"万木草

普通话音频

粤语音频

堂"，聚徒讲学，宣传改良主义思想。闲暇时，他也常常到陶陶居饮茶。当时，陶陶居已经再度易主，新老板名为黄静波。这位黄老板久闻康有为大名，便请他为自己的茶楼题匾。康有为也不推辞，欣然命笔，用平生得意的"石门铭"碑法写下"陶陶居"三字。

不过大家现在看到"陶陶居"的招牌，都是只见康有为题写的店名，却不见康有为的落款，为什么会这样呢？据坊间传说，在戊戌变法失败之后，康有为一时之间成了朝廷的通缉犯，陶陶居如果用他的题字自然十分不妥。但一方面因为康有为在民间声誉还是很高，另一方面老板也舍不得这么好的题字，于是就只用康有为的题字做招牌，而删去了落款。

除了康有为之外，历史上还有不少名人都是陶陶居的座上客，例如鲁迅先生就曾经在其1927年3月18日的日记里写道："18日，雨。午后，同季市、广平往陶陶居品茗。"后来，陶陶居的"鲁迅家宴"菜谱，也曾受到不少鲁迅迷的追捧。

# 池记
## ——几时去都要排队

香港被称为世界美食之都，有许多知名的食肆，其中有不少做的都是粤港澳地区的地道小食，名气却不在大型高档食肆之下，例如以云吞面著称的"池记"，就是这样的一家老字号。

据考据，池记最早起源于广州，是20世纪30年代荔湾区三圣社桥头的路边面档，因为风味独特、品质上乘，名气比茶楼面店还大。据说当时池记的云吞面价钱是其他面档的三倍，而且不设座位，很多食客只能蹲在路边吃。但因为味道实在好，所以依然客似云来，甚至有人专程开汽车来吃面。

后来，池记这个品牌在香港正式落地生根，并发展成香

普通话音频

粤语音频

港地区最知名的云吞面连锁店之一，曾经拿到不少美食方面的奖项。多年以来，池记也一直坚持传统手工竹升面的做法，在用料和做工方面都十分讲究，在追求速度效率的商业社会，这份匠人的坚持确实十分难得。

而除了招牌的云吞面之外，池记的糖水、鱼蛋等食品也十分知名，加上在寸土寸金的香港，店面面积有限，所以有"几时去都要排队"的说法，可见其受欢迎程度之高。

# 珠江钢琴

## ——多年奋斗争第一

千年商埠有段古

珠江钢琴，是很多学琴人的第一台钢琴，见证着许多人的音乐历程。

珠江钢琴集团的前身是广州钢琴厂，成立于1956年，在广州维新路（现起义路）的一个临街铺面艰难起步。当时的工厂可以讲是一穷二白，没有设备，没有图纸，连材料都缺乏，十几个年轻人以一台进口钢琴为蓝本，制造了第一台珠江钢琴。凭着一腔热忱，一身干劲，他们把试制的钢琴产品运往香港美华琴行试销，获得一致好评。随着钢琴制造技术的逐渐进步，珠江钢琴也渐渐在行业内站稳了脚跟。到了1958年，广州钢琴厂设计并启用了图案化英文"Pearl River

普通话音频

粤语音频

（珠江）"商标，一直沿用至今。

到了20世纪80年代，"珠江"牌钢琴在国内已经家喻户晓，开始将眼光放到国外市场。但当珠江钢琴信心满满，去参加德国法兰克福一年一度的国际乐器展览会时，却只得到不到10平方米的展位，门可罗雀，可谓铩羽而归。

回国之后，珠江钢琴认识到与国际知名钢琴品牌的差距，开始陆续聘请了一大批欧美设计大师，与国际高端乐器制造企业、研究院等合作，培养自主创新能力，终于让产品质量获得质的飞跃，得到越来越多国际上的认可。

时至今日，珠江钢琴集团已经发展成全球最大的钢琴制造商，每年世界上有约30%的钢琴产量由"珠江钢琴"承担，产销规模稳居世界第一，而珠江钢琴的自主品牌也在世界各地大受欢迎。

# 香港廉政公署

## ——请你到廉署喝咖啡

香港廉政公署，是香港地区专门打击贪污腐败的独立执法机构，原名为"总督特派廉政专员公署"，回归后改称为"中华人民共和国香港特别行政区廉政公署"。

早年，香港曾经是个腐败横行的社会，无论行政执法机构，还是商业机构，都存在着不少以权谋私、权钱交易的非法行为，对于香港的社会稳定、经济发展都构成严重影响。

在1974年，港督麦理浩创办廉政公署，下大决心肃清腐败，而引发此举措的起因，则是当时轰动一时的"葛柏案"。葛柏，是当时香港英籍总警司，九龙区副总指挥，曾获得多次奖励。但在1971年一单贪腐案的调查中，发现葛

普通话音频

粤语音频

柏大量收受各种贿赂高达430万港元，于是专案组首次使用《防止贿赂条例》要求葛柏解释其巨额财富来源。结果葛柏畏罪潜逃，迅速返回英国，导致民情汹涌，市民纷纷上街要求港英政府严惩葛柏。

时任港督麦理浩为了平息民愤，委任百里渠爵士进行调查，百里渠在提交的《百里渠报告》中建议建立独立的肃贪机构并实施严厉的反贪污法案，以澄清腐败。最终，香港廉政公署在1974年正式成立，并成功于1975年将葛柏带回香港归案。

在短时间内，香港廉政公署就发挥了巨大的作用，为香港良好的法治和商业环境奠定了坚实的基础。不少人还会联想到港片如《廉政行动》系列中经常提到的"廉署咖啡"。这源于港英政府时期，廉政公署成立不久后，从英国聘请了一批资深警务人员。由于文化习惯，他们在邀请证人或可能被检控的人接受调查时，总会说一句"请你到廉署喝咖啡"。渐渐地，"廉署咖啡"成为接受廉政公署调查的代名词。

# 中国留学生之父

## ——容闳的救国之路

　　在现代社会，到海外留学是非常普遍的做法，不论是粤港澳地区的学子到海外留学，还是粤港澳地区的学校接收留学生，都是再平常不过的事。但这样的平常事在晚清时期，却是惊世骇俗之举。而为中国打开留学这扇大门的人，正是来自广东的容闳。

　　容闳出生于广东省香山县，7岁时跟随父亲到澳门读书，后来跟随马礼逊纪念学校校长勃朗到美国留学，并成为耶鲁学院第一位中国学生。毕业后，眼界大开的容闳返回中国，致力于中国的现代化事业。

　　容闳的志向得到了晚清名臣曾国藩的支持，并成功筹建

普通话音频

粤语音频

了中国第一家洋务企业——江南机器制造总局。接着，在曾国藩和李鸿章的支持下，容闳主持了著名的"留美幼童"项目，组织了近代中国第一批官派留学生到美国留学。

后来这批留学生中涌现了不少人才，为中国的发展作出了不少贡献，其中包括天津大学前身北洋大学的创办人蔡绍基、清朝外务尚书梁敦彦、中国铁路之父詹天佑、清华大学前身清华学校的首任校长唐国安、中华民国首任内阁总理唐绍仪等知名人士。

虽然"留美幼童"计划因为保守人士的阻挠，在1881年被清政府叫停，留学生也被召回。但留学却渐渐为越来越多的中国人所接受，后来也有越来越多的学子到海外留学，并在学成归来之后为中国各方面的发展作出更多的贡献。而容闳作为中国留学事业的开创者，也在历史上留下了自己不朽的功绩。

# 大新百货

## ——不到大新，等于没来广州

大新百货公司，是中国近代四大百货公司之一，最早在1912年由蔡昌兄弟在香港成立。

蔡昌是广东省香山县（主要区域为今中山）人，早年与哥哥蔡兴一起到澳大利亚，经营水果百货生意。后来，蔡兴回国与马应彪集资建立先施百货，蔡昌也随之回国在先施任职。

到了1912年，蔡昌决定自立门户，集资在香港开设大新百货公司，并担任总经理。其后又在广州西堤的珠江边兴建了一栋12层高的大新大厦，也就是后来的南方大厦。这栋大厦布局新颖，设备齐全，其独特设计为国内罕见，成为当时

普通话音频

粤语音频

华南最宏伟、最华丽的百货商店。外地游客都说："不到大新，等于没来广州。"

在香港、广州取得成功之后，蔡昌决定进军上海。据说当时为了选址，年近六十的蔡昌曾独自站在上海街头，用豆子来计算来往的行人与车辆的数量，以估计客流量。

最后，蔡昌选择了上海南京路、西藏路和六合路交汇之处，建起了上海大新公司。据说刚开张时，南京路上人山人海，商场内更被挤得水泄不通，不得不于下午四时提前关门，进行整顿。

虽然随着时代的变迁，上海大新公司已经改为国营上海第一百货商店，广州的大新公司在抗战中遭到破坏停业后改为南方大厦，而蔡昌也移居香港并于1953年病逝，但他留下的商业传奇却依然为人们所津津乐道。

# 宝芝林

## ——仁心仁术黄飞鸿

　　因为《黄飞鸿》电影而人尽皆知的宝芝林，是清朝末年黄飞鸿在广州开设的医馆，是黄飞鸿一生中行医济世、广收门徒的重要场所。

　　从小习武卖药的黄飞鸿在父亲黄麒英的影响下，不仅武功高强，医术也很是了得。光绪年间，黄飞鸿在广州仁安里开设"宝芝林"医药馆，悬壶济世，治病救人，功效显著，上至将军，下至百姓都慕名而来。据说因黄飞鸿治好了黑旗军首领刘永福多年的脚疾，刘永福亲自为宝芝林题写"技艺皆精"的匾额，并特聘黄飞鸿为黑旗军军医官和技击总教练。

普通话音频

粤语音频

　　"宝芝林"这个名字，据说出自黄飞鸿一个叫伍铨萃的弟子，他是进士出身，曾经送给黄飞鸿两句诗"宝剑腾霄汉，芝花遍上林"，而黄飞鸿在创办跌打医馆时就取了两个开头的字和最后一个字作为医馆的名称。宝芝林和黄飞鸿的美誉和黄飞鸿本人的医德也有很大关系，他不但不藏私，还向社会公开跌打药浸泡方法和防暑凉茶验方，希望有助于劳苦大众。可惜，在1924年8月，广州国民政府镇压商团暴乱，"宝芝林"受到牵连而被烧毁。经营了数十年的宝芝林就这样付之一炬。

　　1996年，黄飞鸿的故乡佛山开始筹建黄飞鸿狮艺武术馆，1998年8月15日正式开馆。馆内设黄飞鸿故居、宝芝林堂，继续弘扬黄飞鸿的武德医德。

# 阳江刀具

## ——技艺精湛代代传

阳江地区自古以来就以生产刀具著称，早在南北朝时期，巾帼英雄冼夫人就曾在当地打造兵器。后来制作刀具的技艺传入民间，令阳江地区成为刀具的著名产地。

清朝初年，阳江县城形成了大规模的制刀坊，地点在江城区打铁巷，其中最著名的是何传利铁匠制作的"文武刀"；而到了20世纪30年代，当地铁匠梁季芙创制出独具一格的"季芙小刀"，在全国小刀评比中获奖，并送世界博览会参展。从此，阳江小刀闻名海内外。

到了当代，阳江地区刀具的代表则是阳江十八子集团，其刀具被誉为"中国第一刀"，创始人李良辉则被誉为"中

普通话音频

粤语音频

国刀王"。

1934年，李良辉出生在阳江县。幼年时的李良辉对打铁十分感兴趣，很小就跑去打铁巷偷师学艺，后来一次雨后在老师的房间乱画，画出一幅栩栩如生的大菜刀，老师发现后建议他父母还是让他去学打铁。于是，李良辉12岁就开始学习锻造刀具，打下了扎实的功底。

后来，李良辉进入小刀生产合作社，设计出电动鼓风机，大大推动了刀具锻造的机械化。改革开放之后，李良辉终于能够一展拳脚，他在三江村边一块荒地上搭建起厂房，开始了艰难的创业之路。

经过多年奋斗，李良辉创办的"阳江十八子"集团已经发展成综合大型品牌企业，产品畅销国内外，主打产品"十八子作"被认定为"中国驰名商标"，被商务部列为"重点培育和发展出口名牌"。

# 伦教糕

## ——吵出来的新品种

伦教糕是广东顺德地区著名的美食，始创于清咸丰五年，即1855年。当时，在顺德伦教华丰圩桥旁有一间专营白粥、糕点的小店，店主叫梁礼成。他与妻子一起经营，生意非常旺。

某天凌晨，梁礼成和妻子因前一天发生口角，没有蒸煮糕点，剩下了许多米浆，又因为没有去寻找干柴、禾秆和甘蔗壳，令当天蒸煮松糕的柴火不足。双重因素下导致蒸松糕失败，糕体未能如常膨胀，成了"板结糕块"。

梁礼成因不舍得浪费，便低价出售，并自嘲说"新产品，益街坊"。谁知街坊们尝试之后，觉得这个新品种入口

普通话音频

粤语音频

清爽软滑不粘牙，比吃惯了的松糕更可口，第二天纷纷要买"新产品"。

梁礼成只好回忆当时生产情况，加入米浆、红糖，用清泉洗去红糖杂质，反复试制，终成新产品面世。因为口味独特，口感绝佳，很快就传遍乡里，据说当时不少士大夫也不远千里来品尝。"糕以地取名，地以糕传名"，此新产品美名曰"伦教糕"。当时的伦教亦被文人墨客美名曰"糕村"。

为了防止伦教糕的传统制作工艺失传，梁礼成将其制作技艺传授给儿子梁满成，后来再传至第三代传人梁伦仔，并且改用粗砂白糖制作，还摸索出在煮糖时冲入鸡蛋清清除杂质的方法，口感较红糖糕更为清甜爽韧，一直传承至今。

到了改革开放之后，梁满成年事渐高，发现孙女梁桂欢颇有生意头脑，而且钟情于制作伦教糕，有将伦教糕继续发扬光大的远大理想，于是与儿子梁伦仔商量，决定将梁氏伦教糕的独门制作方法传给孙女梁桂欢。历经世代传承，如今伦教糕传至第四代传承人梁桂欢，人称欢姐伦教糕，获得佛山市非物质文化遗产、广东老字号、中华名小吃等荣誉。

# 嘉禾电影

## ——华语电影功勋元老

在华语电影的发展历史上，嘉禾电影和它的创始人邹文怀，绝对是重要的参与者和推动者之一。

邹文怀祖籍广东梅州，1927年在香港出生。大学毕业后加盟邵氏影片公司，很快成长为公司高管。到了1970年，邹文怀自立门户，创办了嘉禾公司，开始了他传奇的电影之旅。

创办公司之后，为了打响名声，邹文怀重金邀请李小龙加盟，并很快推出了李小龙的第一部华语电影《唐山大兄》。

结果这部电影一炮而红，创下了香港开埠以来电影最高的票房纪录，奠定了李小龙国际功夫巨星的地位，也为香港

普通话音频

粤语音频

电影开创了全新的局面，不但打破了香港电影邵氏一家独大的局面，还促进了独立制片人制度在香港电影业的发展。

接下来，邹文怀和李小龙再接再厉，接连推出《精武门》《猛龙过江》《龙争虎斗》等影片，不断创造新的票房纪录，并成功打入国际电影市场。

而在李小龙去世后，嘉禾电影又不断摸索新的电影类型，推出过多部经典电影，香港地区几乎所有的电影明星都曾与嘉禾电影有过合作，其中最为成功的是继李小龙之后的第二位国际功夫巨星成龙。

因为邹文怀对香港电影发展的贡献，其被视为香港电影的泰山北斗，在1998年荣获香港特区政府颁发的金紫荆星章，并在2008年获得香港电影金像奖终身成就奖。

虽然在2007年，邹文怀已经将嘉禾股份出售并退隐江湖，他本人也于2018年去世，但他和嘉禾电影在华语电影史上留下的传奇，依然脍炙人口。

# 广合腐乳

## ——"中国奶酪"的传奇

　　广合腐乳，是广东地区的老字号腐乳品牌，始创于清朝光绪年间，至今已有一百多年历史。

　　广合腐乳的创始人名叫方守觉，早年曾在顺德大良豆腐店做工，学会了将卖剩的豆腐加工制成腐乳的技艺。到了1893年，他回到家乡开平县，在水口镇东埠开设了一家专营腐乳的"广合号"。因为香味浓郁，口味独到，广合腐乳一经推出便大受欢迎。

　　后来到了抗战时期，为了躲避兵灾，广合号迁到了塘口圩营业，直到日本投降才重返水口镇。复业之际，广合号将之前保存的一百多缸腐乳拿出来出售，这批腐乳原本就质量

普通话音频

粤语音频

78

上乘，加上保存的时间特别长，气味也就特别浓郁芬芳，令人垂涎欲滴。水口镇地处三水交界之处，粤港澳三地的客商往来频繁，很多人都喜欢带广合腐乳回家，因此广合腐乳声名大噪，后来更销售到海外，被西方人称为"中国奶酪"。

对于自家腐乳的质量，广合号向来十分重视，其第三代传人方富燊在面对销量大增的情况时，宁可贴出"旧货未有"的告示，也不愿将还未存放够期限的腐乳提前出售。这种诚信的态度和对品质的坚持，造就了广合腐乳的良好口碑。

# 李全合麦芽糖

## ——百年传承不容易

麦芽糖，是很多人的童年记忆之一。软黏的麦芽糖丝缠在一起，清甜的麦芽香沁人心脾。而说到广东地区最出名的麦芽糖，东莞石龙的"李全和"麦芽糖无疑是其中之一。

"李全和"这个品牌，始创于咸丰六年，即1856年，至今这个老字号已历经一百多年的风雨洗礼。

虽然李全和的品牌为人所熟知，但其实李全和的父亲才是最早的麦芽糖柚皮创始人。李家原本是惠州人，到了李全和那代起才举家迁到东莞石龙定居，也把麦芽糖柚皮的制作工艺带到了石龙。

在清末咸丰年间，李全和把麦芽糖柚皮的生意做得有声

普通话音频

粤语音频

有色，并以自己的名字创立品牌，成了石龙知名的糖果小吃，而李家也成为当地的富商。

不过李全和虽然子女众多，但大多都嫌做麦芽糖太辛苦，不愿意学习，唯独李凤丽的爸爸继承了父业。而李凤丽则是"李全和"品牌的第三代传人，她16岁起就跟随爸爸学做麦芽糖。"李全和"曾经一度被石龙的国营糖厂合并，到了1996年，李凤丽自己创立了名为利泉和的食品有限公司，在2000年，又重新成功注册祖父的"李全和"商标。

为了保持传统的味道，李凤丽坚持全手工制作，不愿意用机械化进行生产，这也是"李全和"品牌多年来屹立不倒的原因所在。

# 肇庆香满源

## ——酱门世家代代传

在广东省肇庆市，"香满源"是家喻户晓的"酱门世家"，至今已有近百年历史。

"香满源"品牌创立于清光绪三十四年，即1908年，目前是肇庆市知名的酱油、黄豆酱、鲍鱼汁、蚝油等生产基地。如今，香满源产品畅销国内市场，远销美、欧等国家和地区，曾先后获中华老字号会员企业、非物质文化遗产、广东老字号等荣誉。

肇庆市端州区位于广东省中部偏西，西江下游北岸，由于地处岭南，有着气温高、日照长、水资源丰富的特点，是一个非常适合酿造酱油的好地方。

普通话音频

粤语音频

    据记载，酱油，最早出现在周代文献中，称之为"醢"，早期由鲜肉腌制而成，是古代皇帝的御用调味品。后来，人们发现以大豆制成的酱油，风味更佳，且成本更低，才慢慢在民间流传开来。

    "香满源"酱油酿造技艺源于宋朝，是采用天然晒制，地窖回阴的一种独特方法。企业目前生产的酱油在传统制作方法的基础上，还结合了现代的科学养生技术，味道鲜美，深受广大消费者的欢迎。

    "香满源"企业一直保存着延续近千年的酱油酿造工具，相传最早可追溯到宋朝，这种器皿有助于制作益菌，称为"陶罂"，也是现代人所讲的曲精。这个器皿在当时是非常领先时代的工具，即使到了现代，依然不失其独到之处。

    时代虽然不断变迁，但"香满源"生产的酱油和其他调味料一代传一代，仍坚持古法酿造，保留独有的风味。

# 广州友谊商店
## ——见证中国走向开放

　　说起广州友谊商店，对于老一辈的广东人来说，曾经是一个很特别的地方，友谊商店几乎是高端时尚的代名词。

　　广州友谊商店最早设立于1959年，当时服务的对象只限于外宾、华侨、港澳台同胞及其亲友。所以当时友谊商店销售的商品有很多都是国内市场买不到的高档商品，尤其是家电设备更是令人羡慕。当时客人到友谊商店购物，需要使用"兑换券"，也就是入境时用外币兑换成可以在国内使用的"代用货币"，所以当时广州本地人将其称为"代用券"。当年电视剧《排球女将》热播的时候，广州坊间还曾经流传一句改编的歌词："小鹿商店卖咸酸，唔使代用券……"

普通话音频

粤语音频

而在改革开放初期，公派到国外留学，或者去外国公干，都会有大件电器的指标，可以到友谊商店购买免税商品。当时不少人家里的第一台电视机、电冰箱，都是在友谊商店购置的。

随着改革开放逐渐深入，友谊商店渐渐褪去了特许购买的神秘面具，允许广大市民入场购物，也不再需要使用兑换券了。

随着时代不断发展，广州友谊商店也逐渐发展成一家大型综合性企业，而它曾经扮演的特殊角色，也见证了中国从封闭走向开放的一段历史。

# 亚洲汽水

## ——"好长气"的沙示汽水

　　说起广东地区的碳酸饮料，亚洲汽水和它的招牌产品"沙示"汽水，既是不少老广心目中的回忆，又是一个百折不挠、浴火重生的故事。

　　亚洲汽水最早创立于1946年，一直是广东地区最受欢迎的汽水品牌之一。早在20世纪60年代，亚洲汽水已经走进国际市场，在东南亚市场占有一席之地，是当时唯一打入国际市场的汽水品牌。

　　而到了改革开放之后，亚洲汽水得到了极大的发展，其招牌产品"沙示汽水"更是大受欢迎。所谓"沙示"，指的是一种植物原料Sarsaparilla——墨西哥菝葜。这种草药自

普通话音频

粤语音频

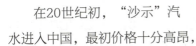

古便被墨西哥人用作消热解暑的药物，与广东的凉茶有异曲同工之妙。后来欧洲人移民美国，对墨西哥菝葜十分喜爱，加入碳酸后，成了美国社会盛行的解渴饮料之一。

在20世纪初，"沙示"汽水进入中国，最初价格十分高昂，一般人都消费不起，直到70年代才逐渐平民化。而亚洲汽水在制作"沙示"汽水时，将植物提取物换成了岭南的植物梅叶冬青。梅叶冬青与墨西哥菝葜味道相近，但香味更浓也更适合本地人饮用，颇有消暑清热的功效，所以一经推出便大受欢迎。当时的宣传语"有我咁好气，冇我咁长气"更是脍炙人口。

不过在1992年，亚洲汽水在与外资合资经营后，销量不断下降，市场份额几乎丧失殆尽。几经艰难后，亚洲汽水由香雪制药成立的香雪亚洲饮料接管，重新开始了新的征程。凭着多年积累的口碑，加上现代化企业的运营管理，亚洲汽水和它的"沙示"汽水都再次得到了市场的认可，重新成为粤港澳地区受欢迎的饮料品牌之一。

# 温氏食品

## ——8000元起步的中国五百强

温氏食品集团是广东地区农牧业现代化企业的典型，也是中国改革开放春风培育起来的民营企业代表之一。

温氏集团的建立，最早源自于1983年。当时原新兴县食品公司的干部温北英停薪留职，与其他几户亲友共8人以自愿入股的形式，集资了8000元，创办了勒竹畜牧联营公司（简称"勒竹公司"）。

一开始，勒竹公司以养鸡作为主要业务，很快就发展出成形的养鸡体系。而为了保障合作农户的利益，勒竹公司还创造了"公司+农户"的经营模式，将企业利益与农户利益捆绑在一起，极大地促进了农户养殖的积极性。

普通话音频

粤语音频

　　随着事业的发展，勒竹公司发展成为温氏集团，但在1997年底到1998年初，因为香港地区暴发禽流感，导致鸡养殖业务大受影响，温氏集团也遭遇严重的亏损。

　　面对困境，温氏集团坚持以保障卫生安全为先，在禽流感风波过后，勒竹鸡场很快就重新将安全健康的鸡运抵香港地区，而温氏集团的鸡场也连续获得广东省颁发的"无禽流感证"，得以渡过难关。

　　随着业务不断发展，温氏集团涉足的经营业务越来越广，已经发展成数百亿元规模的上市公司，多次入选中国500强企业。

　　这个以8000元起家的大型食品集团，见证了中国改革开放的进程，也是粤港澳大湾区优质营商环境的获益者。

# 佛山冯了性

## ——识就冯了性，唔识就误了命

佛山的冯了性药业，是当地著名的老字号企业，这家企业的历史渊源，最早可以追溯到明朝年间。

冯了性，生于明朝崇祯年间，祖籍广东新会。他的父亲冯国琳早在明朝万历年间就在佛山开设药铺，经营万应药酒，专治风湿跌打。

冯了性自幼聪明好学，不但跟随父亲学习医药，还对佛学十分有兴趣，曾一度削发修行，法号正是"了性"。经过多年实践研究，加上佛门高僧的指导，冯了性对家传的药酒配方进行了不少改善，并将万应药酒改名为"冯了性风湿跌打药酒"，又将药坊命名为"冯了性药铺"。

普通话音频

粤语音频

此时，适逢康乾盛世，佛山古镇成为珠三角的商贸中心，人口日增，以手工艺为主的产业，如陶瓷、纺织、铸造、五金、武术等，均易于发生各种跌打损伤，这也为"冯了性药酒"的开拓提供了良好的市场环境。加上冯了性的产品质量过硬，还善于宣传策划，当时一句"识就冯了性，唔识就误了命"的广告语可谓家喻户晓。到了清朝晚期，冯了性药铺的生意越做越大，除了药酒外还生产各种跌打药品，被誉为"药王"。

不过现代的冯了性药业，并非仅仅传承自冯了性药铺一家，而是当时佛山几十家医馆药铺联合而成，其中包括比冯了性药铺更早的梁仲弘蜡丸馆。如今，冯了性药业作为中华老字号企业，继承了佛山地区众多药业品牌和优秀传统药品，成为佛山地区大型的医药企业。

# 湛江哎记鸡

## ——食过返寻味

湛江鸡是广东知名美食之一，而在湛江，有着一家粤西地区唯一的中华老字号——哎记鸡饭店，被认为出品最正宗的湛江鸡。

据考据，哎记的创办人叫黄广才，在20世纪40年代，他以独特的烹饪手法制作的"哎记鸡"，最初以沿街叫卖的方式售卖。因为风味独特，不但在街坊之中大受欢迎，连很多文人雅士都慕名而来，曾有"名震雷州三千里，味压江南十二楼"之美誉。

而粤剧名伶红线女，据说也和哎记有不解之缘。

在抗战时期，马师曾、红线女等名伶组成抗战剧团，在

普通话音频

粤语音频

92

各地义演。到湛江演出之后，时常在中山路哝记饭店吃饭，哝记肥鸡的名气随着抗战剧团在各地传播开来。

后来到了20世纪80年代，红线女再次去到湛江演出。热情的湛江戏迷送上两只哝记鸡，红线女当日原本因旅途劳累而不准备会客，但一听见是哝记鸡，马上精神一振，当即拆开一只哝记鸡与大家分享，另外一只则带回广州品尝。

直到现在，哝记鸡依然保持着传统的品质和做法，吸引着一代又一代的食客。

湛江
哝记鸡！

# 顺德红米酒

## ——饮倒好朋友

　　岭南地区的人民从很早的时候便开始酿酒，因为岭南既盛产稻米，又盛产蔬果，所以各式各样的酒品层出不穷，是岭南美食文化不可或缺的一部分。其中，顺德地区特产的红米酒正是代表之一。

　　早在宋代，岭南地区因地处偏远，烟瘴潮湿，所以官府特许民间酿酒，从而使岭南地区的酒业得到很大的发展。到了清代，珠三角地区的酒业更是十分繁荣。清末时期，顺德地区著名的酒庄德丰酒庄和裕兴隆率先尝试用大米搭配少量红米，与传统酒饼等原材料进行发酵。所谓"红米"，又称为桃花米、红霞米，是一种颜色微红、口感与大米有别的稻

普通话音频

粤语音频

米。当时粮食较为短缺，酿酒师傅便别出心裁将部分红米加入大米中用于酿酒，发现酿出来的米酒风味独特，清雅绵甜，与著名的顺德美食尤为匹配，一经推出便大受欢迎。

自此之后，以红米酿造米酒，就成了顺德地区酿酒的特色之一，称为"顺德红米酒"。

后来，德丰酒庄、裕兴隆等传统酒庄经过合营，合并为现在的顺德酒厂，其出品的红荔红米酒作为顺德红米酒的代表享誉全国，在2021年获批为"地理标志保护产品"，而顺德红米酒酿造技艺也在2019年被列入市级非物质文化遗产名录。

# 广东唱片业

## ——辉煌的光碟时代

在20世纪80年代，随着改革开放的推进，广东地区因得风气之先，在许多方面都成为当时全国潮流的引领者。而广东的流行音乐，也曾经有过非常辉煌的岁月。

广东地区最早的"乐坛"，大概要追溯到音乐茶座。而随着越来越多的歌手涌现，相配套的唱片市场也开始萌芽发展。在广州第一家唱片公司"中唱广州分公司"成立之后，大大小小的唱片公司如雨后春笋般冒头，当时的"太平洋""新时代""白天鹅"和"中唱广州"，是最具代表性的四大唱片公司。

八九十年代的广东乐坛曾经涌现过不少出色的音乐人和

普通话音频

粤语音频

拥有全国影响力的歌手，例如创作人李海鹰、陈小奇、许建强，歌手毛宁、杨钰莹、李春波、林依轮、陈明等，创作了大量脍炙人口、传唱多年的经典作品。

而当时的唱片业也随着广东乐坛的发展而兴旺蓬勃，在20世纪八九十年代，全国九成的音像发行都集中在广州。

虽然在各种因素影响之下，广东乐坛风光不再，实体唱片业也随着互联网时代的来临而大幅萎缩，但曾经的辉煌却早已成为中国改革开放历史的一部分，留在几代人的记忆之中。

## 香港粤语乐坛

## ——华语乐坛的"神仙打架"

香港粤语乐坛，是华语音乐市场的重要组成部分之一，其影响范围远远超出香港本地，对整个亚洲市场都有巨大的影响力，也诞生了众多巨星。

早年，香港音乐界缺乏原创音乐，大部分歌手都以英文歌表演为主。到了20世纪70年代，随着香港经济不断发展，音乐界也开始出现粤语原创歌曲。其中最具代表性的歌手当属许冠杰，他的《鬼马双星》专辑可以说开启了粤语流行歌的黄金时代。

20世纪八九十年代是香港粤语流行乐坛的黄金年代，百花齐放、经典众多，粤语流行歌传遍整个亚洲，香港乐

普通话音频

粤语音频

坛巨星也层出不穷。加上这个时期香港的电影和电视剧都呈井喷式发展，粤语流行歌也随着香港电影电视剧的传播更加深入人心。当时的香港乐坛，从谭咏麟、张国荣的"瑜亮之争"，到"四大天王"的齐头并进，从几代歌后的更迭交接，到多支风格各异的乐队涌现，多年的繁荣景象一直为歌迷所津津乐道。而在那个时代许多脍炙人口的粤语歌曲，也成为华语音乐历史上永恒的经典之作。

随着内地经济发展和市场扩大，国语歌曲的市场份额日益提升，香港粤语流行歌的影响力在21世纪之后渐渐下降，新人涌现的速度也有所下降，加上互联网浪潮的冲击，香港唱片业也进入了下降通道。

但无论如何，香港粤语流行歌曲依然是华语音乐市场的重要支柱，而香港粤语流行曲的传奇也将一直被歌迷传颂不绝。

# 江门商埠
## ——侨胞的故乡情

　　江门地区是著名的侨乡，很早就有江门人到海外谋生。1902年，中英签订了《马凯条约》，将江门辟为对外通商口岸，并于1904年在江门北街正式设立关口，称"江门关"，江门由此正式开辟为商埠。

　　最先接触西方科技和商业的侨胞，在海外积攒了不少知识和财富，他们始终不忘故土，想方设法在家乡和其他各地兴办工商业，改变家乡和国家的落后面貌。

　　例如电力，是工业发展的重要基础，江门地区的电力基础，便是由华侨赵冠山先生打下。赵冠华15岁随叔父赴美国三藩市，先后在餐馆、洗衣馆做工。后来认识加利福尼亚大

普通话音频

粤语音频

学电工系女毕业生、美国人露斯，结成夫妻，一起在露斯叔父开设的屋仑电厂工作，收入优厚，颇有积累，更是对电力事业有了深厚的经验。后来，60多岁的赵冠山和妻子带着资金回国，决心为家乡建设电力事业。1912年，赵冠山正式在江门筹设新光电灯公司，修建电线杆，拉起电线，开始为当地市民提供用电。后来为了振兴民族工业发展，赵冠山又联络香港同胞，扩大电厂经营。为了保障民族产业不被洋人控制，其公司章程规定："不招洋股""如将股份顶与洋人，无效"。次年，又与旅美华侨邑人朱邑裘等集资，在新会城开办新光电灯公司会城分公司。

　　有了电力保障，江门更多的产业得以发展。在织布、印刷、火柴、饼食糖果等轻纺企业当中，同样不乏华侨投资的身影。由华侨余乾甫等人于1919年集资兴办的东华枧厂是广东第一家肥皂厂；新会华侨黄壮辉、黄惠伯兄弟等人则合资在三角塘开办了燧昌火柴厂；江门旅新加坡侨胞林汉屏、林奕霖等人也在江门松庆里开办了富华、富荣两家织布厂。这些早期的民族企业是广东民族工业的奠基者，也是江门地区经济得以蓬勃发展的基础。

顺德礼饼

——喜万年年嫁女饼

　　礼饼，又称为"嫁女饼"，是中国传统婚俗礼仪中非常重要的食品。作为保留了众多中国传统文化习俗的佛山，至今保留了送婚嫁礼饼的习俗，因此礼饼在当地是非常重要的礼俗食品。而随着时代发展变迁，礼饼除了作为礼俗食品，也成为富有地方特色的日常茶点美食，受到省内外食客喜爱。所以除了供应本地，佛山礼饼还会销往北京、上海等省外地区。自然而然，在礼饼行业之中也涌现了不少老字号和佼佼者，例如顺德伦教的"喜万年年"礼饼便是其中之一。

　　"喜万年年"的前身为1892年何昌建立的专做礼饼等糕点的饼家"何昌记"，到了第三代的何林学成之后在伦教

普通话音频

粤语音频

解放路开设了林记，自产自销礼饼。他总结选料、烘焙等经验，提炼出包馅的"何氏螺旋手"等诀窍，出品大受欢迎，成为当地最具代表性的礼饼。

　　而到了第四代何雪芬，她又改良传统礼饼配方、工艺。如在豆沙馅中加入瓜子肉和红豆，在不影响口感、口味的基础上尽量做到少糖、少油。其制作的礼饼，酥皮酥化而不易碎，馅料松化而不油腻，品种也发展至三四十种之多。

　　在1992年，何雪芬将祖传饼店更名为"喜万年年"，开始现代化企业经营，逐渐发展到20多家门店，遍布广、佛、深等地。而作为礼饼制作技艺佛山市级代表性传承人，何雪芬不断推陈出新，为传统礼饼技艺的传播做出了许多努力。

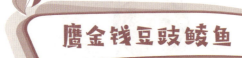

# 鹰金钱豆豉鲮鱼

## ——一罐鲮鱼寄相思

　　"鹰金钱"是中国第一罐豆豉鲮鱼罐头的始创者。在19世纪末"下南洋"的热潮中，珠三角地区许多人远渡重洋到异国他乡谋生，他们离开时没有忘记带上家乡独有的炸鲮鱼以及下饭的鲜香豆豉，他们把这两样食物放在瓦罉中并加入豆油浸泡保存，以便在颠沛流离的远航中充饥。豆豉和鲮鱼的相遇碰撞，诞生了奇妙的鲜香美味——豆豉鲮鱼。此后，豆豉鲮鱼成为"下南洋"必带的家乡美味，不仅寄托了游子对家乡的思念，还发展成为岭南地区的一道特色佳肴。

　　自1893年第一罐豆豉鲮鱼罐头诞生，至今已有一百多年的历史，关于第一罐豆豉鲮鱼罐头还流传着这样一个爱情故事。

普通话音频

粤语音频

清末民初时期，一位自幼习武、家境贫寒的少年在一个大户人家家中担任护院。某日，少年在府中自制家乡特产豆豉鲮鱼，香味吸引了家中大小姐的注意，大小姐好奇之下，问少年此为何物？品尝后被这种鲜香美味折服，久久不能忘怀，并记住了这个少年护卫。后来两人因这道美味而接触渐多，少年还教小姐如何制作豆豉鲮鱼，时间一长，两人便渐生情愫。然而当时两人门不当户不对，无法在一起。

恰逢当时正遇上广东人下南洋的热潮，少年决定下南洋拼搏出一番事业，好回来向大小姐提亲。

分别之际，大小姐亲自做了豆豉鲮鱼并用瓦罇封好送给少年，好让他在路上能够吃到家乡美味和寄托思念。几年后，少年事业有成回国，大小姐也一直在等他，最终两人冲破世俗的枷锁，有情人终成眷属，过上了幸福生活。而那一罐瓦罇封存的豆豉鲮鱼，也成了豆豉鲮鱼罐头的鼻祖。

在1893年，广州广茂香罐头厂成立，它是国内首个生产豆豉鲮鱼罐头的厂家，第一罐豆豉鲮鱼罐头由此诞生。到了1912年，鹰金钱商标被正式注册，至今已有过百年的历史，是商务部认证的中华老字号之一。

# 高第街

## ——曾经的中国商业第一街

在改革开放初期，广州曾经有一条全国知名的服装批发街，当时几乎全国的商贩和旅客都到这条街购买新潮的衣服鞋帽，这就是广州著名的高第街。

高第街位于广州市越秀区，连接北京路与起义路，清朝年间已经是繁华之地。关于高第街名称的由来，有这样一段故事。传说以前这条街上有个财主的女儿与一个叫高弟的小伙子相爱，被财主家的用人揭发，两人私奔出走。后来高弟夫妻在外发了大财，衣锦还乡买下整条街，街名就叫高弟街。后来，有一个秀才路经此地，认为高弟街的名字太俗，于是改一字"弟"成"第"，取高中科举、高家府第之意，

普通话音频

粤语音频

"高第街"一名流传至今。

高第街还是著名的许氏家族发祥地，早年大盐商许拜庭的故居。民国时期的名人例如民国的粤军总司令许崇智、红军将领许卓、教育家许崇清和鲁迅先生的夫人许广平等，均出自这个家族。

在中国改革开放初期，高第街作为广州市第一个工业品市场正式开设，也成为全国第一个经营服装的个体户集贸市场，灵活的经营方式以及新潮的服装款式吸引了来自全国各地的旅客和商贩。

不过随着专业服装批发市场的涌现，高第街已不再是商业中心之地，但作为曾经的中国第一商业街，高第街还是在广州千年商都的历史上留下了浓墨重彩的一笔。

# 金庸武侠小说

## ——有井水处有金庸

金庸的新派武侠小说，是华人文学世界里一个奇迹般的存在，多年来不但为全球华人所津津乐道，还被翻译成多国文字出版，被誉为"成年人的童话"。"有华人的地方就有金庸武侠小说"，与当年"凡有井水处即有柳词"可谓交相辉映。

金庸原名查良镛，其家族是浙江海宁查氏，是中国清代以来的江南望族。金庸在香港投身报业后，为了刺激报纸销量而开始创作武侠小说并在报纸上连载，没想到一炮而红，一时之间洛阳纸贵。

金庸创作的首部武侠小说是《书剑恩仇录》，自此之后

普通话音频

粤语音频

一发而不可收，共创作了15部中长篇小说，几乎每一部都成为武侠小说的经典之作。他本人还将自己14部小说书名的首字串成一副对联，"飞雪连天射白鹿，笑书神侠倚碧鸳"。

金庸武侠小说的畅销，也是当时香港出版产业繁荣发展的一个缩影。据不完全统计，金庸小说的出版量超过3亿册，而同期的香港出版业也蓬勃发展，影响力覆盖全球华人市场。

金庸小说还被改编为各种影视文艺作品，无论是香港地区还是内地，都有多个版本的金庸电视连续剧产品，有不少经典之作至今为人所津津乐道。例如黄日华、翁美玲主演的《射雕英雄传》，古天乐、李若彤主演的《神雕侠侣》，周星驰电影《鹿鼎记》等，都是不少人心目中不可逾越的经典。可以说，金庸的武侠小说本身就是一个巨大的商业世界，有无数的宝藏等着人们去挖掘。

# 香港女人街

## ——平民商业街

　　香港被称为"购物天堂"，不仅仅有着众多的奢侈品牌和高档商品，物美价廉的商品也能在香港轻易找到，其中著名的"女人街"，就是一个平价商品的商业街。

　　20世纪70年代，香港有很多小贩于路边无牌经营，影响市容之余，亦为居民带来不便甚至危险。为将他们规范化，市政局于1975年3月14日于九龙的20个地点推行"小贩认可区"计划。亚皆老街至山东街的一段通菜街，就是首个获准成立的小贩认可区，其后延长至登打士街。由于街道早期的摊档所售卖的物品，多以女性服装和女性用品为主，所以俗称女人街。

普通话音频

粤语音频

　　发展到后来，女人街已经不仅是一个购物的商业街，还是一个游客观光体验的地点，不少游客来这里主要不是为了购物，而是来体验一下香港的本土商业文化和烟火气息。而随着时代发展，女人街上销售的商品也不再局限于女性用品，电子产品、日用百货、儿童玩具、男士用品等都能在这里找到。而始终不变的，是销售的商品保持了"平靓正"的传统，价格十分亲民。

　　除了服装、百货摊档之外，女人街也有不少食肆，逛街逛饿了，就可以马上坐下来品尝一下香港的美食，可谓考虑周全了。

# 香港赛马

## ——赛马精神励香江

在香港回归祖国之前，中国与英国政府曾经就香港前途问题展开谈判，当时邓小平以一句"马照跑，舞照跳"确定了香港回归的大方向，也为香港顺利回归祖国铺平了道路。其中，"马照跑"这个说法，也从侧面印证了香港赛马业的兴盛。

早在开埠初年，香港已于香港岛快活谷建跑马地马场，并于1844年进行首次赛马。赛马活动起源于古罗马帝国，后来在英国蓬勃发展。在"日不落帝国"鼎盛的殖民时期，赛马文化被大量输出，自然也包括当时的香港。

1884年，香港赛马会成立，负责管理赛马事务，其后开始发售马票，开展赛马博彩业，成为香港不少市民的一大娱

普通话音频　　　　粤语音频

乐项目。

经过一百多年的发展，香港赛马会摸索出了一套独特的综合运营模式，除了提供世界级赛马及马场娱乐、有节制体育博彩及奖券服务来支撑自身运营，更负盛名的是提供马会会员及马主的身份。同时，马会还是一家慈善公益资助机构，每年将大部分收入通过缴纳税款和社区慈善捐款回馈社会，创造经济和社会价值。

在香港赛马的历史上，有着不少优秀的赛马和骑手，其中最为传奇的当属"香港马王"精英大师。在2002年到2004年，精英大师取得了17连胜的奇迹，是史上设立分级制度后首匹连胜17场的赛马，并在2004年以竞赛马匹的身份入选美国《时代》杂志年度全球最有影响力人物之一。2003年香港遭遇"非典"疫情，经济低迷，精英大师的出色战绩，给了当时香港市民不少鼓舞，还被舆论称为逆境拼搏、永不言败的香港精神的代表。

# 佛山陶瓷业

## ——千年传承南国陶都

　　佛山是中国最大最重要的陶瓷生产基地之一，有几百家陶瓷企业，在陶瓷行业中有着举足轻重的地位。

　　佛山陶瓷业的兴旺，源自于石湾陶瓷的历史传承。根据考古研究，石湾陶瓷早在新石器时代已经出现。汉代以后，陶器日用品使用渐多，制陶业日益兴旺，而石湾地区也一直以出产优质陶器而著称，被誉为"南国陶都"。到了清代，石湾陶器的艺术性逐渐加强，当地的工匠们以各种花鸟虫鱼乃至人物为题材，制作出题材丰富、形神俱备的陶器，被称为"石湾公仔"，成为当时许多大户人家的收藏品。在故宫博物院也藏有原清宫旧藏的石湾窑器作品。

普通话音频

粤语音频

关于石湾第一件陶器的由来，还有一个传说故事。

传说在很久很久以前，石湾还处于原始社会阶段，当时这里住着一对逃婚而来的夫妇，男的叫陈武，女的叫杨娇。陈武白天出外打猎，杨娇则在家剥野兽皮做衣，削野兽肉做饭。十年后，他们已有两个儿子、两个女儿，人口多了，家业也大了，为了储备食物。杨娇用树枝纺织成一个个圆筒形的箩筐之类的东西，外表涂上厚厚的泥巴，让阳光晒干后，专门用来盛储野兽皮和烤熟的野兽肉。一天，森林发生大火，将他们一家的房子和器物都烧个精光，三日三夜之后才被一场倾盆大雨浇灭。陈武他们回家看到所有东西都烧成灰烬，但却有几个从未见过的瓦缸瓦盘模样的东西却奇迹般地出现在废墟的灰烬之中。杨娇一开始以为是神仙所赐，后来她发觉"瓦缸"里还有一道道树枝编织的痕迹，才恍然大悟：原来是自己做的器皿。

从此，石湾的第一件陶器出世了。后来，杨娇夫妇就根据这种原理，专心制作起日用陶器，先是自己用，随后还拿去其他部落交换食物。杨娇还从想象中创作其他常用的陶器。陈武也不去打猎了，带着两个长大成人的儿子砍柴筑窑烧制陶器，烧陶的工艺就此一直传承了下来。

# 华强北
## ——电子商业的传奇之地

　　说起经济特区深圳的发展历程，"华强北"绝对是一个极具历史意义和传奇色彩的名字。

　　所谓华强北，指的是华强北商业区，位于深圳市福田区华强北路。华强北电子市场的由来，与改革开放后中国国门初开时的全球产业发展趋势有关。早在深圳经济特区筹备时期，电子业就被作为来料加工的主导产业，而当时不少工厂都迁到福田区，并将厂区命名为"华强"，寓意"中华强大"。

　　在深圳第一座高层建筑——电子大厦动工前的1979—1980年，来自内地和香港的电子产业资源已经在不断地向深

普通话音频

粤语音频

南大道和华强北交汇处聚集。电子大厦于1981年动工，1982年建成，后来建成的赛格大厦与其相邻。电子大厦是深圳的第一个地标，它的建成也使电子制造业随后成为当时深圳最大的产业。

在20世纪八九十年代，深圳的华强北与北京的中关村齐名，都是中国电子产业的重镇，而华强北在商业贸易方面更为发达，被誉为"中国电子第一街"。

在华强北，曾经有过很多致富传奇，据说在30年间诞生过50位亿万富翁。在智能手机还没有一统天下的时代，华强北曾经以生产各种功能的手机著称，例如可以打火点烟的手机、四卡四待的手机、配备大喇叭的手机……总之只有想不到，没有做不到。

# 世界工厂

## ——世界工厂中的世界工厂

中国因为制造业的快速发展，并且向世界各地提供商品出口，被称为"世界工厂"；而在中国，被称为"世界工厂"的地方则是广东的东莞。

1978年，国务院颁发了《开展对外加工装配业务试行办法》，广东省委率先作出发展来料加工的决定，东莞、南海、顺德、番禺、中山作为先行试点县。于是，在东莞诞生了中国内地第一家来料加工企业——太平手袋厂。

当时，太平手袋厂率先采用了计件薪酬的模式，鼓励工人积极工作。当时工程师的工资只有五六十元，而太平手袋厂的普通工人在实行计件薪酬后可以达到上百元，轰动

普通话音频

粤语音频

一时。据说当时有不少人想办法走后门也要到太平手袋厂上班。

在接下来的时间，越来越多的企业选择在东莞设厂，尤其以港商和台商最为主要，"三来一补"的模式使东莞成为制造业非常发达的地区，被称为"东莞塞车，全球缺货"的"世界工厂"。在20世纪八九十年代，全国各地的年轻人来东莞打工，对推动中国经济发展和民生改善也起了巨大的作用。

早在1994年，东莞就开始提出从"劳动密集型工业"向"技术密集型工业"转型。在诸多客观因素影响下，东莞的劳动密集型企业逐渐减少，而经过多年的努力，东莞产业转型也取得了不少成果，越来越多的本土企业在东莞落地生根。在2020年，东莞成为中国第四个存款余额超过2万亿元的城市，可谓是藏富于民的代表。

# 翠华茶餐厅
## ——只为一口菠萝油

如果说广东人的生活离不开茶餐厅，那香港电影取景必定离不开翠华茶餐厅。

作为香港老字号，翠华茶餐厅几乎成了港式饮食文化的代表。每一位到香港的游客，除了迪士尼乐园、尖沙咀购物，到翠华茶餐厅喝一口浓郁的奶茶，尝一口喷香的菠萝油面包，也是必不可少的行程。

说起翠华茶餐厅的创业之路，有一段"接盘"故事不得不提——1955年出生的李远康，11岁便成了香港走街串巷的"外卖仔"。在他走街串巷的时候，蔡创波在旺角甘霖街创立翠华冰室，客户是附近卖鸡蛋的工人，这便是翠华餐厅的

普通话音频

粤语音频

前身。1989年首间翠华餐厅正式开业后不久，创始人蔡创波决定移居国外。茫茫人海中，"外卖仔"李远康从蔡创波手里接过翠华餐厅，并成立了翠华集团。

随后，香港经济持续腾飞，香港的电影电视都迎来了黄金年代，港台巨星火遍大江南北，而茶餐厅也迎来了最好的时刻。中环翠华因为离兰桂坊咫尺之遥，很快吸引了李嘉诚的第一"师爷"霍建宁、影星温碧霞和歌王陈奕迅等城中名流前来光顾，连女神林青霞也经常半夜光顾。一时间，翠华成为当时香港餐饮文化的代表。《志明与春娇》中余文乐曾经对杨千嬅说过："来到兰桂坊，一定要去翠华。"

李远康的眼光不只停留在香港，2009年翠华开始向内地进军，上海首家翠华一开，立刻门庭若市。很快，翠华又进军深圳、武汉、杭州等地。

2012年11月26日，众星捧月的翠华控股上市，成为港式茶餐厅第一股。

必定要去翠华茶餐厅……

# 美心集团

## ——中式食品，西式服务

美心集团，是香港最大的餐饮集团之一，由祖籍广东台山的伍舜德和伍沾德兄弟创办。关于创办的初衷，伍沾德曾回忆道，早年与哥哥伍舜德曾多次光顾香港著名的"新巴黎"西餐厅就餐，餐厅老板每次都安排他们坐在墙角靠近洗手间的位置。他们表示不满，但老板认为华人消费力不如外国人，拒绝更换座位。于是，两兄弟决心创办一家中国人经营的西餐厅，让顾客不再受到不公平的待遇。

1956年，首家"美心餐厅"于香港中环连卡佛大厦开业，之后逐步发展成为美心集团，而餐厅以"美心"命名，以取其"Beautiful Heart"之意，即以"一颗美丽的心"服

普通话音频

粤语音频

务顾客。

　　1966年，海运大厦落成，首家美心咖啡室Maxim's Boulevard在此开设，并有西饼售卖，是为"美心西饼"的雏形。香港海运大厦走廊开设的美心咖啡室和快餐连锁，非常受欢迎，两年内开设了20间咖啡餐厅，美心集团的业务开始走上快速发展之路。

　　1971年，美心集团引入崭新的"中式食品、西式服务"管理模式，创办第一家粤菜食府——翠园。翠园成功经营后，又开设多间粤式酒楼，有美心大酒楼、美心皇宫大酒楼、温莎皇宫大酒楼等，均提供粤式"一盅两件"饮茶和饮宴服务。

　　在接下来的几十年间，美心集团不断拓展其商业版图，围绕餐饮业引入更多不同的品牌和业态，更进军内地和东南亚市场，成为香港首屈一指的餐饮集团。

咀香园

——百年杏仁饼

杏仁饼是广东地区广受欢迎的传统小吃，而提起杏仁饼，最为人所熟悉的则是中山的中华老字号咀香园。

咀香园创立于1918年，其创始人是一位名叫潘雁湘的"自梳女"。所谓自梳女，是指那些立誓不嫁人的女性，因为没有家庭之累，所以在当时往往很受雇主欢迎。

话说在清末时期，香山县城石岐兴宁里居住着一个官宦人家，主人叫萧友柏。萧家是诗礼传家，其时因家财日渐枯竭，萧友柏为支撑门面及妻妾僮婢的生活，忧心忡忡。

一年，时值萧母生辰，大家却苦于没有果品来招待贺客。这时，来自顺德大良的自梳女佣工潘雁湘，就选用绿豆

普通话音频

粤语音频

124

磨成粉制饼，在饼中间夹一块薄薄的糖腌猪肉，经烘烤后制成香喷喷的绿豆饼。萧家上下及众亲友宾客品尝后，觉得此饼形似杏仁，且带有杏仁味，入口酥化，赞不绝口。及后，萧友柏令潘雁湘再做此饼赠送亲友，并把绿豆饼送给香山知县品尝，知县吃过饼后，回味无穷，当即题字"齿颊留香"。此后，萧友柏将此饼取名为"嘴香杏仁饼"。

到了民国时期，萧家为了帮补家用，开始开门卖饼。因为"嘴"字笔画太多，不利于制模做饼，于是萧家将"嘴"字改为"咀"字，其店铺便命名为"咀香园"。

至今，咀香园已有过百年的历史，还被评为广东省非物质文化遗产。

# 何济公
## ——止痛唔使五分钟

提起"何济公"这个老字号，老一辈的广东人往往会马上想起解热止痛散和两句广告词："何济公，何济公，止痛唔使五分钟""发烧发热唔使怕，何济公止痛散顶呱呱"。

何济公的品牌，创建于20世纪30年代。创始人何福庆眼见日本人侵，国家危难，而当时大部分药物都源于进口，于是立志生产自己的止痛药品以资国用。何福庆一开始将研制的止痛药物命名为"灭痛星"，其后又迎合国人的使用习惯改名为"解热止痛散"，自此一直畅销多年。

至于"何济公"这个名字，据说取自活佛济公。传说中济公是降龙罗汉转世，在南宋年间游戏人间，为百姓治愈了

普通话音频

粤语音频

不少疑难杂症，又有不少除暴安良、警恶惩奸的故事，很受百姓爱戴。而创始人何福庆也立志效法济公，普济众生，将医药与慈善结合起来，因此为药行取名"何济公"。因为普通话里"何济公"谐音"活济公"，所以当时长江南北一时出现了广东有个"活济公"的传说，"何济公"其名不胫而走。

历史上，何济公药业经过多次合并更名，现在何济公品牌已归属广州白云山医药集团，继续以其"济世为公"的精神，为广大市民服务。

# 顺丰快递

## ——物流业的骄傲

随着电商行业在中国的蓬勃发展，快递行业也进入了发展的快车道，而诞生于广东顺德的顺丰，无疑是快递行业中的佼佼者。

顺丰的创始人王卫出生于上海，7岁时随家人到香港居住，很早就开始尝试创业。当时王卫为了业务需要经常往来于顺德与香港，发现香港的往来业务越来越频繁，但因为当时限制较多，报关程序复杂，物流不畅，他自己每次往返都帮朋友捎带物件。

1993年，从中发现商机的王卫马上行动，向父亲借了10万元，招了5名员工，在顺德成立顺丰快运，又在香港的

普通话音频

粤语音频

砵兰街租了几十平方米的店面作为收发货之用。顺丰从小件物件和文书信件的往来业务做起，一开始只靠王卫和员工早出晚归，用背包和拉杆箱往来香港与内地，而到了1997年香港回归时，顺丰快运已经发展成为深港货运最重要的企业之一。在此基础之上，顺丰又将网络撒向全国各地。

2003年对于顺丰来说，绝对是具有重大意义的一年。这一年因为SARS疫情，广东和香港地区的日常出行都大受影响，相应地对于快递的需求则呈指数级增长，顺丰的业务量也随之猛增。同年，顺丰还与扬子江快运航空签订了5架包机的协议，第一个将快递行业带上天空。

到了2009年，中国民航局宣布顺丰航空正式获准运营。顺丰申请建立航空公司并一次性购买两架属于自己的飞机——这也是中国民营快递企业第一次拥有自己的飞机。

顺丰的发展历程，是中国快递行业迅猛发展的缩影，也是粤港澳大湾区创业故事中的传奇一页。

# 香港电视

## ——电视的黄金时代

千年商埠有段古

　　对于粤港澳大湾区的居民来说，香港电视可能是最深刻的集体回忆之一，而香港电视节目的兴衰历史，也与香港经济发展的状况息息相关。

　　在大众的记忆之中，香港的无线电视和亚洲电视，是香港最具代表性的电视台。

　　香港无线电视，英文简称TVB，成立于1967年，是香港首家获得无线电视牌照的电视台，拥有翡翠和明珠两个电视频道。多年来，TVB的综艺娱乐节目和电视剧都极具影响力，也涌现过无数的明星艺人，至今对于全球华人依然有着深远影响，成为香港文化的重要组成部分，甚至有"有华人

普通话音频

粤语音频

的地方，就有香港无线电视的节目"的说法。粤港澳大湾区很多人都会说自己是"睇TVB电视剧长大"的。

而亚洲电视，则源自于香港第一家电视台"丽的映声"，于1982年改名为"亚洲电视"。虽然在收视率和影响力方面，亚洲电视一直与无线电视有差距，但也曾经创造过不少辉煌，在内地曾经影响巨大的《大地恩情》《大侠霍元甲》等电视剧均出自亚洲电视，也曾挖掘和涌现了大量明星艺人，与无线电视一起创造出香港电视的辉煌。可惜后来因经营不善，于2016年停止服务。

关于香港电视节目在广东地区的传播，还有一个关于"鱼骨天线"的故事。在20世纪80年代初期，中国刚刚开始改革开放，当时有很多广东地区的居民在屋顶竖起"鱼骨天线"，接收香港电视节目。对于这个现象，当时广东地区的不少人都颇有顾虑，认为收看香港电视会影响当地的风气，而且"鱼骨天线"也有安全隐患，由此还引发了不少争议。各地的鱼骨天线装了又拆，拆了又装。

最后，这些争议直到1992年终于结束——在这一年，香港两家电视台的四个频道纳入广东省和广州市电视网络，广东地区的居民再也不需要通过既有争议又不安全的"鱼骨天线"收看香港电视节目了。

# 格力电器

## ——商业世界的将相和

格力电器，是1991年成立于珠海的家电企业。从寂寂无名的地方品牌发展成中国首屈一指的国际化家电企业，格力电器的创业之路充满着传奇色彩。

现在提起格力电器，很多人都会马上想起其明星董事长董明珠，这位从基层业务员做起的女强人，几乎成了格力电器的代名词。但实际上，她的成长之路，并非单枪匹马，前格力电器总经理朱江洪和董明珠的通力合作，才成就出格力电器的辉煌。

在20世纪90年代，董明珠进入格力电器公司担任业务员，据说她一进公司就凭着坚定不挠的毅力，用40天追讨回

普通话音频

粤语音频

前任留下的42万元债款，令当时的总经理朱江洪刮目相看，成为营销界茶余饭后的经典励志故事。在朱江洪的支持之下，董明珠很快成为格力电器的销售经理，而她上任之后，很快就进行了一项重大的改革。原来，拖欠货款是中国零售批发行业普遍存在的现象，而董明珠则规定，凡拖欠货款的经销商一律停止发货，补足款后，先交钱再提货。这个做法在经销商中引发了轩然大波，经销商纷纷跑到朱江洪那里告状。但朱江洪最后还是选择支持董明珠，而董明珠的改革最终也取得了立竿见影的效果。

相比起董明珠在销售方面的成绩，朱江洪则更多着力于自主技术的开发。在2001年，朱江洪赴日本考察，希望引进日本的变频多联空调技术，但遭到日方拒绝。回国后，朱江洪深感核心技术不能依赖于人，于是组织技术攻关小组，开始了向变频多联技术的艰苦攻关。一年多之后，格力电器终于研制出中国第一台具有自主知识产权的变频一拖多空调机组。

事实证明，只有技术研发和销售的双轮驱动，才能成就一个成功的企业。

## 美的电器
### ——乡镇企业成巨头

在中国改革开放的发展历程之中，乡镇企业曾经有过蓬勃发展的时期，也为经济发展贡献良多。但在众多的乡镇企业之中，能持续发展并真正成长为行业巨头的企业并不多，出自广东顺德的美的正是其中的代表。

美的的创业历程颇具传奇色彩。其创始人何享健出生于广东顺德，小时候干过农活，当过学徒、工人、出纳。在1968年，他带领23名顺德北街道居民，通过各种途径集资近5000元创办了一个塑料生产小组——"北街公社塑料加工组"，生产药用玻璃瓶和塑料盖，后来替一些企业做些配件。1980年，何享健正式涉足家电制造业，为广州第二电

普通话音频

粤语音频

器厂生产电风扇零配件，拉开美的发迹的序幕。在这个过程中，他发现，生产电风扇并不是很难。于是，同年11月，美的的第一台40厘米台扇问世，当时叫"明珠"牌。也许是对这个牌子不很满意，何享健公开征集商标，从"美的""彩虹""雪莲"中，最终选定"美的"。他于1981年8月注册商标，同年11月工厂更名为"顺德县美的风扇厂"，何享健自任厂长。

接下来，美的从风扇厂起步，持续深耕家电行业，到了1993年，成为中国第一家上市的乡镇企业，后来更发展为以家电为主的综合性国际企业。

与很多家族企业不同，美的很早就开始实施职业经理人管理体制，在2009年，何享健将董事局主席的位置传给了从美的成长起来的方洪波，他的家族成员也只是持股，并不参与日常管理。这个做法被视为中国民企去家族化的成功案例。

# 新能源汽车

## ——新能源时代的来临

　　近年来，新能源汽车成为世界各国汽车产业的发展方向，越来越多车企进军新能源汽车赛道。而在粤港澳大湾区，新能源汽车的发展也呈现欣欣向荣之势。粤港澳大湾区主要的新能源汽车生产地以广州、深圳为主。例如深圳的比亚迪，广州的广汽、小鹏等，其发展道路各有不同，都有着各自年代深刻的印记。

　　例如比亚迪的创始人王传福，出生于1966年，在中南大学冶金物理化学专业毕业后进入北京有色金属研究院。他在1995年创办比亚迪公司，凭借着强大的自主开发能力和优良的品质，很快就成为中国第一、全球第二的充电电池制造

普通话音频

粤语音频

商。据说当时因为买不到日本的镍镉电池生产线，王传福利用人力资源的优势，自己动手做关键设备，然后将生产线分解为一个个可以人工完成的工序，最后只花了几十分之一的钱，就建成了镍镉电池生产线。到了2003年，比亚迪进军汽车行业，专注于新能源汽车的开发，凭借着在电池方面的独特优势很快就成为中国新能源汽车的代表品牌之一。

而广汽，走的是合资引进技术推动自主开发的路线。广汽的前身是1997年成立的广州汽车集团股份有限公司，在2005年，广汽正式成立，旗下有多个合资品牌和自主品牌。在与合资品牌打下基础之后，广汽开始推出自主品牌的汽车并进军新能源汽车领域，其自主研发的新能源汽车在市场上颇具竞争力。

至于小鹏汽车的发展之路，则充满了互联网产业的味道。其创始人何小鹏曾创办UC优视，后来被阿里收购。到2017年，何小鹏离开阿里，投入电动汽车产业，创办小鹏汽车。在小鹏汽车的发展路上，何小鹏使用了很多"互联网打法"，取得了不俗的效果。

除了整车生产之外，近年来华为也凭借其技术优势，加入到新能源汽车的产业链之中，为新能源汽车提供智能系统等技术平台。

# 岭南第一街

## ——广州北京路

在粤港澳地区，有不少繁华的商业街。而无论以历史悠久还是以商业繁华而言，广州的北京路都无愧于"岭南第一街"的称号。

现在的广州北京路，在历史上有过很多不同的名称，例如永汉路、永清路、双门底等。这条路自古以来就是广州城的中轴线，也是广州地区最繁华的商业集散地。根据考古发现，北京路的地表之下层层叠压了11 层路面，由上而下分属民国、明清、宋元、南汉、唐代5个历史时期。

在宋代，广州城扩展至江边，并将之前南汉时期修建的"双阙"改建为一座三丈二尺的清海楼，上为高楼，下为两

普通话音频

粤语音频

个并列的大门，俗称"双门"，所以北京路这一带又称为"双门底"。

到了明清时期，双门底一带商业十分发达，以书坊、古董市、花市最为著名，还诞生了一句俗语："双门底卖古董，开天索价，落地还钱。"

广州被称为花城，很重要的原因在于广州的花市。广州一向有春节"行花街"的传统，而双门底的花市，正是广州花市的发祥之地。直至现在，每年春节期间，广州西湖路一带的花市依然被视为中心花市，是广州最重要的花市。而北京路这条热闹了上千年的"岭南第一街"，至今依然是广州最繁华的商业步行街之一。

# 西湖路灯光夜市

## ——夜间经济的开山鼻祖

近年来，"夜间经济"常常被经济学家提及，其实早在20世纪80年代，"夜间经济"便已出现在广州，那就是著名的"西湖路灯光夜市"。

当时改革开放刚刚起步，很多年轻人就业面临困难，加上当时中央有文件，"鼓励和扶持个体经济适当发展"。于是不少人在街头巷尾摆起了档口，经营各种生意。但这些散乱的档口，对于城市的管理造成很大的负担，所以1984年，广州在西湖路办起了灯光夜市，让个体摊档有了集中经营的场所。

西湖路灯光夜市是全国第一个灯光夜市，每天傍晚六点

普通话音频

粤语音频

半开市，档主们用竹竿搭起棚架，挂上一盏电灯，把商品搭在棚架之上，就是一个档口。

当时众多的个体户们在这里贩卖以成衣为主的各种商品，从零售到批发无所不包，全国各地的客商也来到这里采购新潮的商品，来广州游玩的游客也经常会来到这里买几件衣服。一时之间，西湖路灯光夜市成了全国成衣批发的集散地，也成为创业和致富的胜地，被誉为"南国明珠"，成为当时广州有名的风情街。

随着经济发展和城市建设的推进，成衣批发转入专业市场，广州市政府也还路于民，西湖路灯光夜市到2001年就停办了。但它曾经承载着广州人的奋斗和创新精神，依然延续在广州这个千年商都之中。

# 新会新宝堂

## ——陈皮经济走向全国

　　老一辈的广东人都知道有句老话，叫"广东三件宝，陈皮老姜禾秆草"，说的是三样在广东地区应用广泛、实用价值高的物品。到了现在，老姜和禾秆草都已经十分便宜，但陈皮作为既有药用价值，又能保健养生的食品，越来越受到市场追捧。

　　陈皮是广东的特产，而正宗的陈皮则只用新会柑制成，所以新会地区是广东陈皮的主要产地，而新宝堂，则是当地以陈皮生产为主业的广东老字号企业，也是广东省非物质文化遗产"新会陈皮制作技艺"传承人单位和省级非物质文化遗产生产性保护示范基地。

普通话音频

粤语音频

新宝堂始创于光绪三十四年（1908年），至今已有过百年历史，其间也曾有过好几次大起大落。1908年，创始人陈继耀在新会创办新宝堂，在20世纪30年代，新宝堂遭遇特大台风，整个店铺都被大水浸泡，只余下少量陈皮放在阁楼，躲过一劫。陈继耀无奈将店铺关闭，把保存下来的陈皮运回家中，嘱咐儿子陈社源好好保存，日后重振新宝堂。

后来几经波折，在陈氏第三、第四代的持续努力之下，新宝堂重新开张，并成为新会本土首个实行品牌连锁经营模式的特产企业。

在发展过程中，新宝堂还有一项独特的创新。新会陈皮的制作，因为"皮比肉贵"，所以当地的习俗是"取皮弃肉"，每年都有大量的柑果肉被丢弃，这些果肉酸性极大，对土壤和环境造成污染，如何让新会柑物尽其用，一直是业界的难题。而新宝堂经过研究，用果肉和陈皮以及其他中草药制作出陈皮酵素，可谓变废为宝。

# 网易

## ——曾经的互联网三巨头

在千禧年之后的互联网时代，中国网民熟悉的"BAT"，也就是百度、阿里巴巴和腾讯三大互联网企业。而在千禧年之前，互联网兴起不久的时代，互联网的三巨头则是新浪、搜狐和网易。

其中，网易正是在广州成长起来的企业，至今依然是中国互联网产业最重要、最具影响力的企业之一。

网易的创始人是浙江人丁磊。1995年，原本在宁波电信局工作的丁磊辞去工作，南下广州闯荡。当时作为改革开放前沿的广东，是众多创业者的首选之地，有着领先全国的创业环境。到了1997年，丁磊在广州创办网易公司，以BBS服

普通话音频

粤语音频

144

务作为公司的主要业务。

当时网易架设的服务器有18G的硬盘，在当时是非常大的硬盘空间，丁磊觉得仅用来放网易宣传公司的一个主页和BBS过于浪费，于是向网友提供每人20兆的个人主页空间。当时的网民还不多，会做个人主页的就更少，丁磊花了不少工夫到处找人入驻，又到处打广告，才让申请个人主页的人越来越多。而这个做法虽然不赚钱，却为网易打响了名堂，积累了大量忠实用户。

当时的中国互联网产业，有很多服务都是向美国学习的，丁磊和网易也不例外。他看到美国的Hotmail服务，就想向对方购买一套邮箱系统，向中国网民提供服务。谁知对方狮子大张口，丁磊无奈之下只好自力更生，和搭档陈磊华一起开发出自己的邮件系统，并创造性地以数字163作为域名。后来，163邮箱成了网易历史上最成功的产品之一。

接着，网易又不断推陈出新，在门户网站、网络游戏等业务上都取得很大的成功，并在2000年登陆美国纳斯达克，成为最早登陆美国的中国互联网企业之一。

# 艳芳照相馆
## ——一辈子一定要拍一次

对于老一辈的粤港人士，尤其是广州人来说，拍照是一件相当重大的事。人生的一些重要时刻，都必须到照相馆拍个照片以资纪念。而说到拍照，当年的首选必定是艳芳照相馆。

艳芳照相馆成立于1912年，由三水人黄跃云和刘骨泉创办。照相馆最初叫做"省港艳芳照相馆"，而在20世纪二三十年代，"艳芳"确实做到了"艳名远播"，蜚声粤港地区。

当时，照相馆还是新奇又新潮的事物，而艳芳照相馆在当时已经颇具规模，不但地方宽敞，还有室内堂景和室外园

普通话音频

粤语音频

146

林景，供顾客拍照之用。由于这里布置齐备，技术精湛，在广州很快便声名鹊起。经济宽裕的市民，纷纷来这里拍照，海外华侨回国团聚时，也要来这里拍一张全家福。

由于名气很大，当时艳芳照相馆的摄影师常常被邀请外拍，留下了不少极具历史价值的照片。例如1923年8月11日，孙中山先生和宋庆龄登上永丰舰，与舰上官兵合影留念的照片，便是由艳芳照相馆的摄影师拍摄。艳芳照相馆的摄影师还专门为孙中山先生拍摄了一张大半身像，放大后悬挂在"艳芳"大厅，供人们瞻仰。

除此之外，鲁迅先生在中山大学任教期间，也曾携夫人许广平到艳芳照相馆拍照，并在自己的日记里专门记下此事。后来许多关于鲁迅的书籍刊物和各地鲁迅纪念馆，都可以看到这张照片。

到了1979年，艳芳照相馆还率先引进全套彩色自动冲印设备，成为全国第一家提供彩色冲印服务的照相馆。

# 平洲玉器街

## ——天下玉，平洲器

玉器，自古以来就是中国人喜爱的工艺品。而广东有一个玉器生产和销售的专业市场，竟然做成了国家4A级旅游景区，可算是专业市场之中的跨界典范，它就是位于佛山南海桂城的平洲玉器街。

在20世纪70年代，平洲有三兄弟——陈广、陈作荣、陈锐南，一起创办了一家社队企业——平洲平东墩头玉器加工厂，专门承接广东省工艺品进出口公司的玉器外包加工业务。正是这家名不见经传的企业，开启了平洲玉器街的传奇。

在改革开放之后，墩头玉器加工厂培养出来的技术人才

普通话音频

粤语音频

纷纷自立门户，做起了玉器加工生意，而各地的玉器匠人也渐渐汇聚到平洲，并从云南地区采购玉石进行加工销售。

由于平洲的玉器师傅擅长做光身件，质量好工艺佳，而且价格平易近人，很快就声名远播，全国各地的玉器商贩也喜欢直接到平洲平东墩头村上门采购玉器成品，还吸引了不少外国客商。就这样，这个玉器加工基地就渐渐演变成玉器的产销基地。到90年代中期，平洲玉器街的销售产值已增至过亿元，逐渐发展成全国四大玉器市场之一。

在玉器生产销售的基础上，当地又大力发展"玉文化"，并着力打造各种传统文化场景，平洲玉器街被评为国家4A级风景区，吸引更多游人来了解平洲玉器的历史和艺术，打造"天下玉，平洲器"的品牌价值。

# ——跌宕起伏创业路

　　TCL是从广东惠州发展起来的跨国大型企业，它跌宕起伏的发展经历，体现了创业的艰难，也见证了坚持的重要性。

　　TCL的前身，是一家叫TTK的家电公司，主要经营卡式磁带，但销路一般。有一次，公司派了一名员工去北京参加展会，这名员工自己动手做了一个非常抢眼的展柜，吸引了众多媒体关注，令TTK的名声在业内一炮而红。这名员工，正是TCL的创始人，毕业于华南理工大学的揭阳人李东生。

　　在打开卡式磁带销路之后，李东生又将目光放到电话机上，说服公司成立TCL电话机厂，并很快生产出全国最早的

普通话音频

粤语音频

免提电话，TCL很快就成为全国电话的领先品牌，李东生也成为TCL集团的总经理。接着，TCL进军电视市场，成为中国彩电的三大品牌之一。

在电视市场取得巨大成功之后，TCL开始进军国际市场，开展了一系列并购。在2004年，TCL并购了法国的彩电行业巨头汤姆逊和世界通讯巨头阿尔卡特的手机业务。

但这两次并购并没有让TCL获得巨大的发展，反而因为液晶技术发展，企业文化融合困难等原因，TCL出现巨额亏损，李东生甚至被评价为"最差的老板之一"。

痛定思痛之后，TCL关闭了亏损的业务，专注新型家电产品，并自主研发液晶面板的生产技术，最终成功扭亏为盈，重新成为电器制造业的产业巨头。

# 李占记

## ——公正严明，铁面无私

钟表维修，是一个颇有年代感的行业。虽然电子化的钟表越来越普遍，但依然有不少高价值的机械钟表需要进行维修，令这个行当一直延续至今。而在粤港澳大湾区，说起钟表维修，很多人都会想起李占记这个品牌。"修金劳就要到李占记"，是不少老一辈广东人的记忆。

李占记的品牌始创于1912年，创始人叫李兰馨。他年少时曾在香港"李应记"做学徒，学得一身过硬的钟表维修技术。当时店里学徒众多，为了推销自己，李兰馨在自己的工作台上挂了个"李占记"的牌子。时间一长，顾客发现他维修的钟表质量特别好，"李占记"这个名字便逐渐为人所熟知。

普通话音频

粤语音频

到了1912年，李兰馨在香港开办了第一家李占记钟表行，继而又在广州、澳门开设了李占记分行，李占记成为享誉省港澳的钟表连锁店。

在经营上，李占记有不少独特的规矩。例如规定每位技师每天只能修三个钟表，以保证质量；又例如以高工资吸引技术高超的技工，包食宿还提供医疗费，但一旦被客户投诉几次就马上清退。这些宽严相济的管理方式，令李占记培养出不少有技术专长的技工，技工也以进入李占记为荣。

李占记做广告的手法，往往别出心裁。有一回在店门口两边橱窗里，"摆"了两个"人偶"，一边是关公，一边是张飞，身穿金翠迷离的戏服，手执青龙偃月刀和丈八蛇矛。当大批市民围观时，两个"人偶"竟然吹髯张目，抖动刀矛，围观者轰然惊呼：原来是两个大活人扮的！李兰馨用这一招，不仅在坊间众口相传，达到了非常好的广告效果，而且通过关、张的形象，表达了对质量"公正严明，铁面无私"的经营要求。

在1993年，李占记被商务部认证为"中华老字号"，2000年又被广州认定为广州第一批老字号，其后重组更名为"广州市李占记钟表有限公司"，继续提供专业的钟表服务。

# 英德红茶产业

## ——英女王最爱

茶叶，自古以来就是中国享誉世界的产品，古代丝绸之路、海上丝绸之路的贸易产品，茶叶正是其中最重要的一项。而在广东地区，最著名的茶叶，莫过于产自英德的红茶。

英德红茶，是广东省英德市的特产，与云南的滇红、安徽的祁红并称中国三大红茶。英德是个古老茶区，产茶历史悠久。据历史记载，英德种茶可追溯到距今1200多年前的唐朝，陆羽的《茶经》中记载岭南韶州出产好茶，英德正是韶州的主要植茶之地。明朝时，英德的土质茶已成朝廷贡品。到了清朝，英德茶叶更是在19世纪前中叶国际贸易中兴盛一时。

普通话音频

粤语音频

而英德现代茶业则始于1955年，当时为了出口创汇，在陶铸、陈毅等老一辈领导人大力推动之下，英德建立了红茶商品基地，并成功试种国内的茶树良种云南大叶种茶。由此制作而成的英德红茶，很快就向国外出口，受到国内外茶叶界的一致好评。尤其英国女王伊丽莎白二世对于英德红茶情有独钟，还将其用于皇室宴会，大受好评。

　　在20世纪60年代，英德红茶出口70多个国家和地区，年出口数千吨，为国家创汇数百万美元。

　　而在改革开放之后，英德红茶产业更是得到了快速发展，成为当地的特色产业。2014年，英德的茶园面积已经达到数万亩，从业人员10多万，茶叶产值达到15亿元。2020年，英德红茶更入选中欧地理标志首批保护清单。

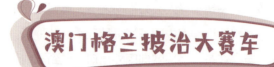

# 澳门格兰披治大赛车

## ——缤纷多彩大赛车

澳门除了以博彩业闻名于世，赛车也是其非常知名的赛事活动之一，其中格兰披治大赛车更是车坛盛事，吸引不少车迷和游客。

格兰披治大赛车是世界最古老的街道车赛，也是世界上唯一同时举办汽车比赛和摩托车比赛的街道赛事。赛事在市区闹市内，在以多弯、狭窄等因素著名的东望洋跑道上进行，全球现已仅剩下中国澳门及摩纳哥设有赛车街道赛，这也成为格兰披治大赛车的特色所在。

澳门格兰披治大赛车的比赛项目除著名的三级方程式外，还设有房车赛、摩托车赛等，亦曾举办怀旧的老爷车

普通话音频

粤语音频

赛、以明星名人为卖点的成龙杯赛等，亦设自动挡摩托车赛来增加赛事的娱乐性，是公认为世界上最佳的街道赛事，亦被选为"十项最精彩的街道赛事"和"不能错过的二十项顶级赛车活动"。

格兰披治大赛车始创于1954年，其后规模越来越大，影响也越来越广，在1983年更首次举行三级方程式大赛，吸引了众多高手前来参与。首届冠军即由车坛传奇人物塞纳夺得，而在1990年，则由"车神"舒马赫夺冠。澳门格兰披治大赛车还被誉为新星的摇篮，众多知名的一级方程式车手在新人时期都曾到澳门参赛。

1990年的三级方程式赛事是格兰披治大赛车历史上最令人难忘的经典场面之一，当时著名车手哈基宁一直处于领先位置，但在最后一圈，哈基宁在进入葡京弯前与舒马赫的赛车发生碰撞，导致赛车失控撞栏遗憾退赛，而半边定风翼被扯断的舒马赫则直奔终点夺魁。

# 老山合

## ——历久不衰猪头粽

老山合腊味，是源自汕头澄海的老字号，创建于1890年，至今已有过百年历史。

老山合腊味的前身，是黄氏先祖黄钦山所创办的"山合"腊味店，不过生意并不兴旺。后来其子黄允坤为谋求生意发展，于1887年只身赴省城拜师学艺，学到了制作腊味的全套技艺。两年后黄允坤学成归来，技艺大进，其制作的猪头粽、肉脯等各类腊味质量比以前大有提高，一时饮誉全县，生意也越来越兴旺。1890年，黄允坤把店名改为"老山合"，这个老字号便一直沿用至今。

"老山合"的特色产品叫"猪头粽"，制法十分考究，

普通话音频

粤语音频

先取鲜润猪头皮和上乘瘦肉，精工剁碎后，按比例佐以八角、丁香、肉桂等20多种名贵中药材，再添上等鱼露、酱油、白酒，按照"先旺后文，若旺若文，文旺结合"之火候，先后下锅烤制定规。故而有香远幽发、余味无穷的特点，广受顾客欢迎，尤其适合作为早点、夜宵的佐餐食品。

猪头粽历时百年依然历久不衰，深受潮汕人民喜爱的原因主要是它符合潮汕人独特的饮食习惯与口味。潮汕人的饮食习惯一向以清淡为主，早餐常是白粥辅小菜形式，猪头粽香远幽发，正好是配白粥的绝好小菜。

# 潮州胡荣泉
## ——正宗鸭母捻

　　粤港澳地区是著名的美食汇聚之地，无论是香港的"美食天堂"，还是广州的"食在广州"，顺德的"厨出凤城"等称号，都体现出源远流长的美食文化。而在美食文化之中，除了一般的菜式，各地的特色小吃，也是各具特色，丰富多彩。例如潮州的胡荣泉，便是当地极具特色的小吃店，历经百年，依然广受欢迎。

　　"胡荣泉"这个品牌，是胡荣顺、胡江泉兄弟于1911年创办的，以独家甜食鸭母捻等小吃著称，生意十分红火，甚至被当地市民编成歌仔传唱。

　　鸭母捻，是潮汕的节日食俗之一，其实就是有馅的糯米

普通话音频

粤语音频

汤圆，之所以叫做鸭母捻，一是因为这种汤圆过去形状大如鸭蛋，鸭蛋潮州话又叫鸭母卵，故称为鸭母捻；二则因为汤圆煮熟浮于水面，如白母鸭浮游于水面，故以此为名。

除此以外，还有另外一个说法，认为"捻"其实是动词，是搓揉、拧按的意思，所以鸭母捻其实说的是这种甜食的制作方法。

不管鸭母捻的出处如何，但在潮州想吃到正宗的鸭母捻，胡荣泉是最佳的选择之一，也是很多外地游客到潮州古城的必游之处。在这个百年老字号里，可以品尝到著名的鸭母捻、春饼和素白饼。

现在，胡荣泉已传到第三代，并在潮州多个地点开设连锁店，将祖传的小吃技艺继续流传下去。

# 广交会

## ——广交天下客

　　广交会，全称是中国进出口商品交易会，创办于1957年，每年春秋两季在广州举办，是中国历史最长、层次最高、规模最大、商品种类最全、到会采购商最多、分布国别地区最广、成交效果最好的综合性国际贸易盛会。

　　广州有"千年商都"之称，历来就是商贸兴旺之地。而广交会最早的渊源，可以追溯到明朝。在隆庆年间，明朝开放南方沿海的对外贸易，历史上称为"隆庆开关"。而到了万历年间，在名相张居正的推动下，朝廷决定在广州开办定期的贸易集市，允许外国商人到广州进行贸易。到了万历八年（1580年），朝廷正式允许葡萄牙商人每年到广州两次，

普通话音频

粤语音频

这个做法与后来的广交会有异曲同工之妙。

1949年中华人民共和国成立之后，由于面临美国的禁运，中国政府为了发展对外贸易，换取外汇建设经济，决定尽快举办商品交易展会，而有着悠久外贸历史，作为海上丝绸之路起点的广州就成了不二之选。

1955年到1956年，广东省外贸系统先后三次成功举办出口物资展览交流会。到1957年，首届中国出口商品交易会正式开幕，并由周恩来总理提议简称为"广交会"。

广交会成功创办，迅速成为中国出口创汇的主渠道，开辟了一条中国与世界交往的通道。自此之后，虽然中国的经济发展历经了许多波折，但广交会从未中断，始终肩负着中国对外交流、开放窗口的重任。而从2007年第101届起，广交会由中国出口商品交易会更名为中国进出口商品交易会，从单一的出口平台变成进出口双向交易的平台。

# 经济特区

## ——改革开放先行先试

在中国改革开放之初，对于如何发展经济还缺乏认知和实践。为了更好地吸收国际先进经验，利用国际资源，在1979年，广东省委负责人向中央建议，允许在毗邻港澳的深圳市、珠海市和重要侨乡汕头市开办出口加工区。

这一建议得到以邓小平为首的中央领导人的支持和鼓励，邓小平还亲自为其命名为"特区"。

1980年，中国正式成立了第一批经济特区，分别是深圳、珠海、汕头和厦门，4个经济特区有3个位于广东省。

从此之后，经济特区成了中国改革开放的前沿阵地，也成为中国经济发展的试验田。无数满怀梦想的年轻人来到特

普通话音频

粤语音频

区，在这里创造财富实现梦想，也为中国经济发展开拓了前进的道路。

1981年，深圳的国际商业大厦破土动工，最后在1982年4月提前94天竣工，创造了不到五天盖一层楼的成绩，被称为"深圳速度"。后来深圳国际贸易中心大厦又创下三天盖一层楼的新"深圳速度"。从此之后，深圳就以其快速的经济发展和开拓精神闻名于世，也为打破旧的经济格局起了巨大的示范作用。华为、腾讯、大疆、格力等优秀企业，也正是在经济特区成长起来的。

1983年，著名雕塑家潘鹤以开拓进取的深圳精神为题创作了城市雕塑作品《开荒牛》，成为这座城市的精神象征，也成为改革开放的精神象征。

# 深交所

## ——中国股市第一步

深交所，全称为深圳证券交易所，成立于1990年12月1日，是经国务院批准设立的全国性证券交易场所。而改革开放之后中国的企业股份制改革，也正是在深圳迈开脚步。

1982年，广东省宝安县联合投资公司在深圳成立，成为国内首家通过报刊公开招股的公司，并在1983年向全国发行"深宝安"股票凭证。1988年，"深发展"股票在特区证券挂牌柜台交易，连同随后上柜的"万科""金田""安达"和"原野"，称"深圳老五股"。随着企业股份制改革的不断推进，证券交易所的成立也成了当务之急。

但当时对于股份制企业、证券市场，有不少人仍然抱有

普通话音频

粤语音频

疑虑，导致深交所的成立方案迟迟得不到审批。

1990年11月22日，时任深圳市委书记李灏、市长郑良玉，副市长张鸿义，以及深圳人民银行的几个行长来到深交所筹备组现场办公。与会人员一致认为筹备工作做得很细致、扎实，已经具备开业的条件。

最后，李灏等领导决定运用中央给予特区的"试验权"，先搞个试开业。于是，深交所于1990年12月1日试开业，并开始集中交易。正是这种敢想敢干的精神，为深交所的不断发展铺平了道路。1991年7月3日，经国务院授权、中国人民银行批准，深交所正式开业。深交所诞生后，不断完善规则，扩大规模，国际影响力日益扩大。据世界证券交易所联合会（WFE）2020年12月31日统计，深市成交金额、融资金额、股票市价总值分别位列世界第三、第四和第七位。

# 香港金融业

## ——香港经济的支柱产业

　　香港的金融业，是香港的支柱产业之一。它以汇丰银行、中银集团和外资银行为核心，以商业银行为主体，加上投资公司、保险公司、股票市场、黄金市场、外汇市场、期货市场、国际租赁市场等国际银行和金融中介机构，组成离岸业务与境内业务一体化的有机经济体系。

　　香港自第一次鸦片战争后被英国占领，逐渐发展成转口贸易港，英国资本和当地的金融活动也逐步发展。1845年，英国在香港开设了第一家银行——金宝银行，其后渣打、汇丰等银行相继进入香港，并于1891年成立证券交易所。

　　经过多年的发展，在第二次世界大战之后，香港金融业

普通话音频

粤语音频

有了高速发展。20世纪50—60年代香港已成为地区性的金融市场和金融中心。70年代以后，各项金融业务规模不断扩大，并日益走向国际化；金融市场交易活跃，数额猛增。在十多年中，香港发展成为国际性金融市场。在香港经济中，金融业成了主要支柱之一。

香港的金融业尤其是股票市场，创造了众多的财富传奇。香港地区为人所津津乐道的顶级富豪，无不曾经在股市中纵横驰骋。其中最为特别的，是被誉为"草根股神"的曹仁超。

曹仁超在贫民窟长大，没读过大学，早年只是一个机修工。后来他到证券公司打扫卫生、做文员工作，趁此机会参与股票交易，用5000元起家，赚到人生第一桶金。但不久之后，香港股市连续几次大跳水，令曹仁超损失惨重，身家从数十万缩水到7000元，继而又抄底失败，几乎变得一无所有。

而自80年代开始，曹仁超卷土重来，集中投资地产股票。在香港地产起飞的背景之下，他的投资获利丰厚，最终完成了从5000元起家到2亿元身家的财富奇迹。

# 化橘红

## ——化痰止咳，南方人参

化橘红，是广东省茂名市化州的特产，名列国家地理标志产品，是一种具有散寒利气、止咳健脾等功效的中药材，被誉为"南方人参"。早在南宋时期，化州已开始种植化橘红，到了明清时期更成为朝廷贡品，令种植生产化橘红成为当地重要产业。

据说，化橘红的药用价值是由北宋时期著名史学家范祖禹首先发现的。范祖禹曾协助司马光编撰《资治通鉴》，因为为官刚直得罪权贵，被贬到化州。他到了化州之后，因为长途跋涉，加上心情郁闷，患了严重的咳嗽气喘之症，久久未能痊愈。

普通话音频

粤语音频

其后，范祖禹每日办公之际，养成了泡茶的习惯，不久之后咳嗽便渐渐好转，胃口更是大开。他觉得奇怪，问起随从泡茶的情况，随从将他带到一口井水处，说每天都是用这里的水泡茶。范祖禹仔细考察一番之后，发现井边有两棵似橙似柚的树正在开花，芳香宜人，而井里面正漂浮着不少飘落的花朵。范祖禹心想自己咳嗽好转，莫非与这白花有关？于是继续取回井水，用树上采摘的花朵泡茶饮用。不久之后，果然痊愈。范祖禹事后经过一番探访，确认此树为化州橘红树。自此之后，便有了将化州橘红泡水、入药的做法。

如今，化橘红已经成为化州的重要产业之一。当地把化橘红产业作为"拳头"产业打造，建立省级现代农业化橘红产业园、省级化橘红特色小镇。据统计，整个化橘红产业链价值高达数十亿元。

# 长乐烧

## ——酒瓮化石出甘泉

岭南地区自古以来便有酿酒的习俗，而不同地区则出产不同的酒品，也各自有各自的名牌。例如梅州五华地区便出品以高度著称的客家米香型白酒长乐烧。

长乐烧酒，据说得名于宋朝在此设立长乐县，距今已有千年历史。明代中期，岐岭小镇家家户户就已经懂得长乐烧酒的制作工艺，商号、酒肆随处可见。20世纪三四十年代，岐岭酒业更加兴旺，整个小镇制酒的小作坊有上百家。

在这个小镇上，流传着一段动听的神话故事。话说当年八仙云游江南，到了风光秀丽的龙川霍山，游玩之余摆酒痛饮，一个个喝得酩酊大醉，留下一只酒瓮便飘然而去。后

普通话音频

粤语音频

来，酒瓮化成一座倒放的酒瓮石，瓮口流出滴滴甘泉。有一年盛夏，一莽汉难耐口干之苦，便用柴刀去撬泉眼。忽然，一股清泉似瀑布般喷射而出，飞向五华县玳瑁山。从此酒瓮石甘泉不再，玳瑁山却泉水清澈如镜。岐岭人以此泉水酿美酒，招待亲朋，名动四方。因岐岭地属长乐县，人们便称它为"长乐烧酒"。

如今，长乐烧酒厂是五华地区的重要企业之一，长乐烧酒也是"地理标志保护产品"，荣获"广东省非物质文化遗产""中华老字号"等称号。

# 番禺红木小镇

## ——中式审美的结晶

红木家具，是中国传统的高档家具，近年来传统文化越来越受重视，红木家具也越来越受欢迎。而广州番禺石碁镇，正是红木家具生产的知名基地之一。

石碁镇的红木家具产业，最早创办于1957年，家宝红木是番禺的第一家专业红木家具制造企业。历经数十年积累，番禺区石碁镇沿市莲路形成了广州首条红木产业带。到2016年，石碁镇已经拥有红木家具及配套企业约62家，从业人员近万人，年产值约33亿元，是全国唯一一座"广作红木特色小镇"。2017年，石碁"广式硬木家具制作技艺"项目被列入番禺区非物质文化遗产代表性项目名录。

普通话音频

粤语音频

关于红木家具的起源，据说跟明朝的三宝太监郑和有关。据说当年郑和下西洋，曾到达越南、爪哇、苏门答腊、斯里兰卡、印度和非洲东岸，给外国人带去丝绸和瓷器，而带回来的货物中，最多的就是红木。郑和带回那么多的红木，原本目的是利用红木的重量作为压舱之用。谁知红木运回中国后，一些能工巧匠发现带回的红木木质坚硬、细腻、纹理好，于是将其做成家具、工艺品及园林建筑，供皇宫帝后们享用，于是便有了后来名扬海内外的"明式家具"。

# 利工民

## ——李小龙最爱的背心

千年商埠有段古

随着经济发展，我们日常接触到的服装品牌越来越多，每个人的选择都各有不同。但对于老一辈的广东人来说，利工民的服装尤其是内衣，则是很多人共同的选择。利工民始创于1923年，是全国针织行业第一家获得国家银质奖的著名国有老字号企业，也是岭南特色民间传统工艺的中华老字号企业之一。

利工民的创始人冯寿如是广东顺德龙山人，创办利工民前是一间洋杂铺的东主。民国初期，西式针织内衣通过广州口岸进入中国，逐渐改变了国人的穿衣习惯。"我们中国的纺织技术不比外国差，为什么不能做呢？"

普通话音频

粤语音频

　　于是在1923年，他买下一批手摇织袜机，在龙津路锦云里开厂，贴上"讲求质量，实价不二"的招牌。很快，利工民的衣服在街坊中便有口皆碑。利工民以传统的纯棉高支纱汗衫背心、棉毛内衣套装为核心产品，深受岭南地区群众喜爱。后来其著名商标"利工民""鹿牌""秋蝉牌""珊瑚牌"，均获得各种荣誉称号，"珊瑚牌"作为自主出口品牌，更有多年的出口历史，一度风靡华南地区。据说著名武打巨星李小龙也曾穿着利工民的文化衫演示武艺，可见其受欢迎程度。

　　利工民的名称在历史上经过多次调整，从"利工民福记织造厂"，到20世纪50年代的"公私合营利工民针织厂"、1969年改名为"广州第六针织厂"、1980年恢复传统厂名"利工民"，2011年获商务部授予"中华老字号"称号。

# 大良双皮奶

## ——顺德甜品遍湾区

　　双皮奶，是广东地区的知名小吃，出自顺德大良。在清末时期，当地的水牛奶因为质量高，水分少，油脂多，十分受欢迎。村民董孝华与女儿董洁文在当地以养牛、做牛乳为生。

　　当时没有冷冻设备，牛奶如何保存是一大难题。有一次，董孝华试着将牛奶煮沸后保存，却意外地发现牛奶冷却后表面会结成一层薄衣，尝一口，居然无比软滑甘香！从此董家的人都迷上了这种多了一层"皮"的牛奶，一试再试，制成了最初的双皮奶。

　　到了民国时期，掌握了双皮奶制作技术的董洁文经常将

普通话音频　　　　　　粤语音频

双皮奶挑到乡镇出售。到了1952年，她干脆将自家的杂货铺改成专卖双皮奶、牛乳等的甜品店，这就是最早的"仁信双皮奶"甜品店。

1979年，仁信领到了大良镇第一张个体工商营业执照，以13元的注册资金重新开张，不但在当地大受欢迎，连锁店更扩张到多个地区。

在粤港澳大湾区，以双皮奶为招牌的甜品店已经成为餐饮行业的一个重要部分，除了仁信之外，还有多家以"信"字为名的甜品店，例如"民信"等，有一些还是董家的后代开设的。

2007年，仁信双皮奶和民信甜品店均获得商务部授予"中华老字号"称号，成为广东佛山地区甜品业的代表。

# 得心斋

## ——下脚猪蹄接官记

得心斋，创建于清代乾隆年间，是广东佛山地区一家有三百多年历史的老店，以酝扎猪蹄闻名于世。

相传乾隆年间，在佛山汾江河畔有个"接官亭"，专为来往的官员作休息之用。接官亭附近有间德记肉店，除早市卖鲜肉外，剩下的肉便用来做饭菜供应过路客人，因此每天的肉所剩无多。

有一日黄昏，有几个官差来到德记，说有官员要到，让德记准备菜肉。德记的肉早已卖完，但面对凶神恶煞的官差，却不得不想办法应付。老板阿德平日卖肉，会把卖剩的肉碎、猪蹄之类或用卤水腌，或用醋泡，卖给买不起鲜肉的

普通话音频

粤语音频

穷人家。这时候临时抱佛脚，唯有拿出这些"下脚"，用心做了几道菜给到来的官员食用。

那位官员一来肚子饿，二来又没吃过这些"下脚"食材，吃得津津有味，便找阿德过来询问这是什么肉。阿德以为官老爷怪罪，唯有实话实说这是卤水猪蹄，谁知官员觉得十分新鲜，不但说以后要多来帮衬，还帮他的店起了个得心斋的名字，寓意得心应手。

自此，得心斋更加精心制作酝扎猪蹄，并声名大噪，成为当地知名食品之一，一直延续至今。

# 新以泰

## ——老广东的"耐克""阿迪"

对于老一辈的广东人来说，想购买体育用品，第一时间想起的不是什么耐克、阿迪达斯，而是"新以泰"。

"新以泰"创建于清朝咸丰末年，创建人是番禺人氏钟锦泉。"以泰"一词，谐音"以太"，意为新奇、神秘。后来钟锦泉又把"太"字改为泰山的"泰"字，取其一柱擎天、四平八稳之意。新以泰开业初期，经营的是文房四宝，由于经营有方，价钱公道，因此生意不错。

新以泰传到第三代传人钟华时，在其表叔胡金昌的建议之下，新以泰开始兼营体育用品。时任中山大学物理系主任的胡金昌还亲自为新店题名。

普通话音频

粤语音频

新以泰在经营上,很注重产品的创新。据说有一次,钟华听说香港有一种牌子叫麦坚利的美国篮球,性能比市面上的国产篮球好得多。于是他跑到香港找到这种篮球,但因为价格太贵不舍得买,他一连几天跑到商店研究,直至确信掌握制作要领为止。回来之后,钟华与工人一起摸索,只用了几个月时间就成功制造出我国第一只无金属充气装置、不用缝线的胶胆皮面篮球,价格仅为进口产品的五分之一。50年代初,钟华更仿造了当时体操水平较强的苏联代表团的全套体操器械,供各体育团体和学校使用,促进了广东体操运动的开展。全国第一只胶铁饼也是该店的产品。

2007年,新以泰被商务部授予"中华老字号"称号。

# 碧桂园
## ——给你一个五星级的家

中国的房地产行业从20世纪末开始起步，经过多年发展，成为中国经济的重要产业之一，也为千家万户打造了安居乐业的家园。

说起广东地区房地产业的起飞，很多人都会想起一句经典的广告词："碧桂园，给你一个五星级的家。"

碧桂园是出自广东顺德的房地产企业，在20世纪90年代，中国房地产业正处于起步阶段，碧桂园开发的别墅楼盘因为处在顺德和番禺的交界处，离市区较远，一时之间销路难以打开。

后来，碧桂园请来王志刚担任总策划。王志刚认为当时

普通话音频

粤语音频

的房地产广告要么过于直白，要么哗众取宠，因此，碧桂园的广告必须另辟蹊径。于是，1994年新年，《羊城晚报》刊出了一则引人注目的广告："可怕的顺德人。"

接着，碧桂园又连续使用"儿女需要什么？孩子在呼吁什么？""为什么不去碧桂园学校？"等广告，推广其修建在楼盘旁的碧桂园学校。

最后，王志刚为碧桂园制定了全新的广告语："碧桂园，给你一个五星级的家。"

这句广告语令碧桂园跳出了单纯的房地产概念，正好迎合了当时人们追求美好生活的愿望，成为房地产行业一句最著名的广告语，甚至被誉为"无价之宝"。

经过多年的发展，碧桂园与中国其他房地产商一样，经历过辉煌，也经历过挫折。但无论如何，"五星级的家"的广告，已经成为房地产行业和广告行业的经典。

# 香港漫画

## ——独一无二的武打漫画

动漫产业在日本、美国都十分发达，而香港的动漫产业在亚洲也是独树一帜，在华人世界拥有巨大的影响力。

香港漫画的源头可以追溯到清末时期，当时广东南海人何剑士堪称港漫先驱，在香港各大报刊发表大量讽刺时局的漫画。到了20世纪40年代，不少内地漫画家因为逃避战乱移居香港，他们在香港成立了著名的"全国漫画作家协会香港分会"，并于1939年主办了"现代中国漫画展"，是香港有史以来第一次漫画展。

到了20世纪六七十年代，武打漫画成为港漫主流，黄玉郎、上官小宝等漫画家开始崭露头角。到了80年代，香港

普通话音频

粤语音频

漫画进入黄金时期，黄玉郎的"玉郎机构"、马荣成的"天下"、冯志明的"自由人"等机构陆续创办，其中马荣成作品《中华英雄》创下每期20万册的销量纪录。

因为这个时期漫画供不应求，港漫开始出现工厂式的漫画制作，也称为"流水线操作"，如有专人做背景气氛，描头发和花衬衫，有的画肌肉纹等。在香港漫画家中，黄玉郎就在这一时期将手工业式的创作室发展成上市企业。

香港的漫画家们虽然吸收了不少日漫和美漫的元素，但往往能开创自己的作画风格，有强烈的港漫气质，内容多以武打或玄幻为主，画风狂热强烈，也吸收了部分传统水墨的画法，并且在制作过程中借鉴了欧美漫画的工业化制作流程，形成颇具特色的漫画产业。

随着粤港澳大湾区的发展，不少香港漫画家开始进军内地市场，不少香港知名的动漫IP也在内地制作动画，共同为中国动漫的发展添砖加瓦。

# 唯品会

## ——专做特卖的网站

中国互联网产业在21世纪得到了巨大的发展，阿里、腾讯、京东、美团等互联网巨头都在各自的领域各领风骚，而在千年商都的广州，也诞生了一家以特卖为特色的传奇企业——唯品会。

唯品会的创始人是温州人沈亚，毕业于上海铁道学院。身上流着温商血液的沈亚，很快就开始经商，并在从事进出口贸易时认识了同乡洪晓波。两人看到电子商务的前景，于是决定模仿国外的同行，创建自己的奢侈品折扣销售平台。

2008年，唯品会在广州信义会馆成立，但他们很快就发现奢侈品销售成交量很低，三个月才做了十几单，从欧洲进

普通话音频

粤语音频

口的奢侈品都堆积在仓库里。沈亚经过调查研究，发现当年淘宝交易总额上千亿元，但平均客单价却只有80元，他恍然大悟，知道还是要做用户买得起的商品。

于是，唯品会迅速调整策略，把自己定位为"一家专门做特卖的网站"，一方面联系二三线时尚品牌，销售过季商品；另一方面针对当季商品进行限时折扣。这个打法很快就获得市场认可。

2012年，唯品会在美国纽交所上市，两年后营收突破37亿美元，成长为中国互联网电商领域的一个重要力量。

# 利舞台
## ——首届港姐决赛地

在香港铜锣湾波斯富街上，有一座带有法式古典风格的大楼，叫做利舞台广场。它的前身，是建于1976年的一间著名戏院，旧名便叫"利舞台"，当年是表演粤剧、歌剧、演唱会和放映电影的重要场所，见证过无数香港高尚娱乐表演的精彩时刻。

20世纪20年代，当时香港的四大家族之一利希慎家族把铜锣湾利园山的地皮买了下来。那时候，香港的粤剧表演场地主要在西环一带，而利希慎为了让母亲更方便地观看粤剧表演，就在利园山的部分土地上建起了利舞台。1925年，利舞台正式建成，一度成为香港最豪华的表演场地，由中国首

普通话音频

粤语音频

位电影皇后胡蝶剪彩开幕，关德兴的新大陆粤剧团在此上演了第一场粤剧。戏院建成以后，每天晚上还有一辆午夜电车专门从利舞台载客到石塘咀，可见当时的人流盛况。后来，利舞台在20世纪70年代进行了修葺，并成为1973年首届香港小姐竞选决赛的官方场地。自此到80年代后期，每年的香港小姐竞选决赛一般都在利舞台举行。连1976年环球小姐的竞选也是在利舞台举办的。同时，利舞台也很适合举办演唱会，罗文、邓丽君都曾多次在这里办过个人演唱会。

直到1991年7月，随着社会的变迁，利舞台停止营业，并于1995年建成今日的利舞台广场，摇身一变成为一座以购物和美食为主营业务的商业大厦，在香港的经济发展中寻找新的机遇和方向。

# 红馆

## ——香港歌手的红馆梦

在香港，有一座形如钻石的建筑，曾经留下过众多巨星的歌声和身影，是无数歌手心中的音乐圣殿，它就是红馆。

红馆，正名叫做香港体育馆。"红馆"这个别称，主要来源于它的所在地——红磡。而"红磡"的来历，又大有故事。相传，在19世纪末期，因为香港外来人口迅速增长，当时的港英政府便下令填海，以扩增陆地面积。没想到，建筑工人在打一口井时，发现从地下涌出来的井水竟然是红色的。比较迷信的人赶紧请了风水专家来一探究竟。而风水大师说，此处动土伤了龙脉，流出的正是龙血。后来，有科学家对井水进行化验检测，发现是因为水中的硫化铁及汞化物

普通话音频

粤语音频

含量较高，井水才会变红。从此之后，这个地方就被人们称为"红磡"，而建造在红磡这片土地上的体育馆，也就自然而然成了大家口中的"红馆"。

　　这座场馆在1983年建立，场内可容纳12500名观众。因为场内没有一根柱子，又是"座位在四周，舞台在中央"的设计布局，观众视线丝毫不受阻挡，自然成了举办演唱会的胜地。歌神许冠杰在这里开过超40场演唱会，也是第一个登上红馆演唱的歌手。天后邓丽君，则是首位在红馆举办演唱会的女歌手。还有我们熟知的徐小凤、张国荣、谭咏麟、张学友、梅艳芳、郭富城、黎明、陈奕迅等歌坛巨星，都在红馆举办过多场演唱会。曾经，能否在红馆开唱，是歌手当红地位和演唱实力的检验标准，只有当红的艺人才有资格享受这个梦幻的舞台。从诞生至今，红馆见证了香港乐坛的辉煌与落寞，也成为香港歌坛的传奇之地。

# 王老吉

## ——凉茶生意遍天下

对于广州人来说，凉茶是人们生活中常见的饮品，民间还流传着"烧鹅、荔枝、凉茶铺"这样的说法。而说起凉茶，就绕不开"王老吉"这个品牌。

王老吉凉茶的创始人王泽邦，乳名阿吉，是公认的凉茶始祖，有"药侠""凉茶王"之称。相传，王阿吉一生嗜医好药，在广州开药材铺，平时主要是采药、卖药和诊治病人。因为他医术高明，医德高尚，街坊邻居都当他自己人，平时便喊他的乳名"阿吉"。后来，他年纪大了以后，就自然而然成了"王老吉"。

清朝道光年间，广州暴发瘴疠，瘟疫蔓延。相传王泽邦

普通话音频

粤语音频

与妻儿上山避疫时，巧遇一名道士，向他传授药方。王泽邦依照药方煮茶，来帮助老百姓治病，效果竟然立竿见影，阿吉凉茶的名声就此传开。后来，王阿吉又与儿子不断探索，采用岗梅根、金樱根等10余种山草药，配制成独家凉茶，以大碗茶的形式摆摊出售，极受欢迎。于是，道光八年（1828年），王阿吉便在广州十三行靖远街开设"王老吉"凉茶店，专营大碗凉茶。而"王老吉凉茶"也凭借着卓有疗效、价格低廉和饮用方便等特点，迅速风靡羊城。

　　在王泽邦与三个儿子的经营下，王老吉凉茶在广州很快开设分店，随后畅销两广地区，并随着一些远赴东南亚等地谋生的广东人一起，传入东南亚各国乃至美国。到近代，随着社会的发展，王老吉这个中国凉茶界的著名品牌，逐渐形成了同一品牌下两分支的奇妙格局：一支在内地被归入国有企业，发展为现在的王老吉药业股份有限公司；另一支则由王氏后人带到香港。2006年，据统计，王老吉、星群制药等20多家广东凉茶企业产销量已经达到400万吨，超越了可口可乐当年在中国内地的销量。其中，王老吉的年销售收入在30亿元左右，稳坐凉茶行业龙头的位置，品牌享誉全国，并覆盖到美国、加拿大、法国等近20个国家。

王老吉

# 裕德堂

## ——功夫茶具有功夫

众所周知，有潮汕人的地方，就有潮州功夫茶。饮功夫茶，已经成为潮汕人日常生活里不可缺少的一部分，不管是餐后消食，还是客人来访，都要冲泡一壶功夫茶来陪衬。而潮州功夫茶，不仅讲究茶道，连泡茶的器皿也颇为讲究。尤其是裕德堂的手拉茗壶，在当地甚有名气。

裕德堂是潮州仙圃手拉茗壶的堂号，其创始人名为张登镜，是19世纪末到20世纪初在潮汕和东南亚商界活跃的一名儒商。他不仅富有商业头脑，也很喜欢收藏文玩产品。青年时代的张登镜，在江苏宜兴游历时，曾经买到一把孟臣壶。对于这把孟臣壶，他是至珍至爱，日夜都带在身边，连商界

普通话音频

粤语音频

的朋友都调侃他说："张公不可一日无此君。"

可惜的是，在1916年，张登镜不慎将心爱的旧壶摔破了，只好找制壶师傅仿制一把。而当他看到制壶师用娴熟的手法拉制壶坯时，突然想到如果自己能亲手制作茶壶，送给商界里的朋友，不是更能显示自己的诚意吗？于是，他开始拜师学艺，利用闲暇的时间亲手制作茶壶，送给新加坡、中国香港等地的商界好友。后来，他还将这个手拉壶的制作手艺传给了次子和三子。这两个儿子学成之后，也是效仿父亲的做法，经常亲制茶壶作为礼物送给商友。

到了1903年，张登镜立了一块"裕德堂"的牌匾，而他们父子的手拉茗壶也以"裕德堂"为号。一时间，"裕德堂"手拉茗壶就成了东南亚华侨热捧的文玩产品，在商务社交方面发挥其独特价值，大家都以收藏裕德堂的茶壶为荣。后来，裕德堂的壶艺就在张氏家族里代代传承下来，再由后代传人加以改良，工艺更加精湛，产品更具艺术价值和收藏价值。

# 广播珠江模式

## ——载入史册的广播改革

在20世纪80年代，中国改革开放刚刚拉开序幕，内地的广播行业还很落后，与发展多年的香港商业电台相比，十分僵化保守，导致广东地区的听众大都养成了收听香港电台的习惯。

1986年，广东电台开办珠江经济台，开始广播行业的改革。珠江经济台的改革，既有以新闻信息节目为骨架、"大板块"节目为主要内容、以主持人直播和听众参与为特征的节目改革，又有搞活人事、分配等内部运行和管理机制的改革。开播之后，收听率迅速上升，与香港台的收听率比从3比7很快反转为7比3。收听率增长的同时，广告投放量也大

普通话音频

粤语音频

幅增加，开播一年带动整个省台广告营业额翻了一番，震动了当时的整个广播行业。

当然，珠江经济台的成功，也得益于广东地区长期与香港地区的密切交流，当时虽然没有粤港澳大湾区的概念，但粤港澳交流一直是这个地区经济和产业发展的重要助力。

这个模式被称为"珠江模式"，在接下来的几年间被全国各地所模仿，一时间各地纷纷涌现经济广播。而珠江经济台引发的热潮据说还救活了濒临倒闭的收音机厂，市场上的收音机一度脱销。

后来，珠江经济台的成功创办被评为"广东改革开放十年十件大事"之一，在中国广播电视史上，"珠江模式"则成为中国广播电视改革的第一个阶段被载入史册。

# 三多轩

## ——看多做多商量多

中国传统文化源远流长，文化用品向来都是重要的产业之一，"文房四宝"更是历史悠久，诞生了不少老字号，例如北京的荣宝斋、上海的朵云轩等，而在广东地区，最为著名的当属三多轩。

三多轩最早创办于清朝道光年间，最早名为"三多轩笺扇庄"，创始人叫黄其佩，原址设于高第街，至今三多轩旧址之束腰上用石米批荡的"三多轩笺扇"5个大字犹依稀可辨。

黄其佩原本是个染色纸的工匠，后来自立门户，租用高第街一个叫"三多轩"的熟药店的后座做工场。正好熟药店老板告老还乡，便将店铺转让给黄其佩，转营字画和"文房

普通话音频

粤语音频

四宝"，但名号依然使用"三多轩"。

后来三多轩生意越来越好，到了民国时期，传到第二代传人黄润培手中，很多军政要人都是三多轩的主顾。谁知有一年，三多轩的掌柜见生意兴旺，动了歪念头，把店中的老师傅、资深店友统统拉走，自己开了一家相同的笺扇庄，与三多轩抢生意。黄润培措手不及，人手紧缺，只好让自己15岁的儿子黄金海辍学回店帮手。

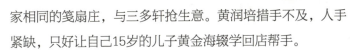

想不到黄金海对书画极有天分，不但能为顾客题字作画，作品还送到日本展出，加入了国画研究会，与许多文人雅士都成了好友。如此一来，三多轩有了许多名家提供的"货源"，生意更上一层楼。当时三多轩宣纸的销量，仅次于北京荣宝斋、上海朵云轩，是全国第三大的笺扇庄。

关于"三多轩"这个名字的意思，黄金海曾解释，"三多"的释义有两个不同的解释，第一，是"多福、多寿、多男子"；第二，是"看多、做多、商量多"。而按照三多轩的业务性质和经营特点来衡量，三多轩的"三多"两个字应以欧阳修所说的"看多、做多、商量多"更为合适。

如今，几经变迁的三多轩迁到广州市的北京路商业区附近，继续为爱好传统文化的市民提供服务。

三多轩